Der Pott.

Erlebnis Ruhrgebiet

Inge Zander
Ralph Lueger (Fotos)

Droste ● Regional

Die Deutsche Bibliothek – CIP-Einheitsaufnahme

Der Pott : Erlebnis Ruhrgebiet / Inge Zander.
Fotogr. Ralph Lueger – Düsseldorf : Droste, 2001
ISBN 3-7700-1135-X

© 2001 Droste Verlag GmbH, Düsseldorf
Gestaltungskonzept: Petra Schneider
Umsetzung: Bettina Riesner
Coverfoto: Ralph Lueger
Druck und Bindung: Druckhaus Cramer, Greven
ISBN 3-7700-1135-X

Inhalt

Anstatt eines Vorwortes

Hömma, wenne mich nachem Wandel im Ruhrgebiet frachs, dann sach ich, ohne hier jetz aufen Putz zu haun, dat wir im Pott im Vergleich zur Restwelt ein ganz besonderes Völkchen sind. Ährlich! Ich glaub sogar behaupten zu können, dat wir sowas wie Auserwählte sind, die sich der besonderen Fügung odda Vorsehung einer höheren, himmlischen Macht erfreuen dürfen. Dat mach sich jetz zwar für manch einen bestusst anhören, abba wenn ich meine Beweise in diesem Buch erstmals inne Öffentlichkeit preisgebe, dann sind dat keine spinnigen Fissematenten, sondern knallharte, rausgeröngte Fakten. Dat iss alles dermaßen in sich logisch, dat die Erkenntnisse gleich jedem Leser wie Schuppen auffen Kragen fallen werden.

Und nu ma schön der Reihe nach.

Bei Ausgrabungen findet man ja neben Ötzis, Scherben und Saurierknochen manchmal auch Aufzeichnungen frühmenschlicher Epochen. Weil der Ruhrpott praktischerweise schon seit Jahre, genauer gesacht, schon seit Jahrende total unterkellert iss, brauchtesse hier auch garnich lange buddeln, um den Nachweis übba unseren Auserkorenenstatus zu finden. Eines Tages, als es anne Emscher

Tipp: Wennse den Wandel im Ruhrgebiet ma auf einen Blick erleben wollen, müssense sich ma bei Oberhausen in der neuen Mitte dat CentrO ansehen. Auf einer alten Industriebrache hatt man dat Kohlemachen einfach von Untertage nach Übertage verlegt und ein riesiges Einkaufsparadies geschaffen. Hier kannze bei jeder Witterung erstklassig bummeln odda shoppen gehen, weil da nemmlich ein riesiges Dach drüber iss. Hier hat der neue Pott sozusagen seinen Deckel gefunden, und deswegen kommen die Leute auch von weit her angefahren, um den Pulsschlag vom modernen Ruhrgebiet zu spüren.

Weitere empfehlenswerte Reiserouten, wie zum Beispiel die Tropentour (von Bottrop über Castrop nach Waltrop), sowie Einbürgerungsanträge werden auf Wunsch gerne zugeschickt.

noch Zechen gab, brachte unsa Oppa von seine täglichen Grubenfahrten sowatt wiene Kohlenschiefertafel vonne Schicht mit. Die hatte sein Kumpel Moseski aus dem Streb mitgebracht und achtlos inne
Kaue zwischen seine Püngel liegen lassen. Oppa als Steiger hatte dat
gesehen, sich die Tafel näher angekuckt und fand darauf eine von
Hand gemeißelte Inschrift, die ihn so erstaunen ließ, dat ihm beinahe
die Kneistermänner ausse Augenhöhle gesprungen wären. Die olle Tafel war nemmlich ein historisches Dokument, wat die wahren Bege-
benheiten der Schöpfungsgeschichte so widdagab, wie es sich wirk-
lich zugetragen hat, und dat ich der Menschheit nu trotz unserer an-
geborenen Bescheidenheit nich mehr länger vorenthalten will. Abba
lesen Sie selbst, wat geschrieben steht:

„Nachdem der Herr die Ruhr und Emscher fließen ließ,
schuf er sich hier dat Paradies.
Er baute hinter einer hohen Hecke
entlang der Emscher-Köttelbecke
den wunderschönen Schrebergarten Eden,
in dem kannte jeder jeden.
Es gab noch keine Arbeit, keine Asche,
man lebte gut und voll auf Vattas Tasche.
Doch weil man auf'ne Schlange hat gehört,
wurd die Idylle jäh zerstört,
und Gott verjagte seine Brut im Wutanfall
von Flensburg bis Bad Reichenhall!"

Dat Paradies abba wurde verriegelt und verrammelt, giftige Wolken verdarben die Luft, die Erzengel Thyssen, Krupp und Hoesch teilten sich die Aufsicht übba dat Gebiet, und in der ganzen Welt galt die Gegend nun als arm, elend, hässlich und unbewohnbar. Niemand wollte hier mehr geboren und nicht einmal begraben sein.

Soweit iss die Story ja hinlänglich bekannt, abba jetz kommt der Hammer. Eines Tages nemmlich, als der Herr mal widda mit traurigen Erinnerungen anne Emscher entlang ging, da bemerkte er dort doch tatsächlich zwei drollige Typen. Und dat war Kumpel Anton und sein Klärchen, ein Menschenpärchen! Die beiden buddelten den lieben langen Tag lang Löcher und Stollen inne Erde und fanden so woll auch unterirdisch den Weg von Jenseits nach Eden. Hier lebten sie nun zufrieden, waren fröhlich, züchteten Ziegen, Karnickel und ließen leidenschaftlich gerne Friedenstauben umme Wette fliegen.

In seiner unendlichen Güte fand Gott plötzlich Gefallen an dem munteren Treiben dort, er empfand Mitleid mit seinen Untertanen, ließ sich auf ein nettes Pläuschken ein, watt ihn auch tatsächlich für einen Moment all seinen Zorn vergessen ließ. „Euch gebührt eine zweite Chance", sagte er voller Wohlwollen, und er ließ Anton und

● Bruno „Günna" Knust: „Kurze Wege im Mittelfeld" – so lautet die kurze, knappe Programmformel von Bruno Knust. Er ist „Günna", das Ruhrgebiets-Original mit den flotten Sprüchen und der rauen Stimme. Günna hat wie viele Pottbewohner zu allem etwas zu erzählen. Nach einem Intermezzo als Sprecher im Dortmunder Westfalenstadion durfte er anschließend drei Jahre bei Sat 1 für „ran" den Bundesliga-Stars und -Sternchen in „Klartext-Interviews" humorvoll auf die Füße treten. Inzwischen steht er in seinem Dortmunder Theater Olpketal vor stets ausverkauftem Haus auf der Bühne mit Programmen wie „Die Dortmund-Revue" oder „Ruhrpott für Anfänger" und „Günna live".

Klärchen bei der Buddelei schwarzes Gold finden, ließ sie hart arbeiten, aber auch viele Kinder bekommen, und er erfand für sie den
Fußball, den stechenden Durst, Export-Bier und Pils, die Dauerwelle,
bunte Jogginganzüge und hellbraune Sandalen mit weißen Tennis-
socken.

Voller Tatenfreude sprach Gott zu seinem zweiten Versuch:

Dat wird hier'n Fleckchen Erde, ganz speziell,

zentral gelegen und doch provinziell,

hier wer'n ganz besondere Menschen leben,

die sehr an ihrer Heimat kleben.

Mit großer Klappe, ziemlich keck,

abba mit dem Herz am rechten Fleck.

Die sind mit stolzgeschwellter Brust,

lebensfroh und selbstbewußt,

hamm trotz Maloche imma Spaß am Leben,

und hier wird's Schalke und Borussia geben.

Gott formte Berge aus Schlacke und aus Schrott,

er war so stolz auf seinen Kohlenpott

und sacht: „Egal was auch passiert im Leben,

ihr werdet stets mit allem fertig werden.

Irgendwann wird's Kind vom Hoeschianer,

vielleicht Bänker odda Börsianer,

und wo der Oppa mal das Eisen trieb,

ackert später der Computerschmied.

Und zur Krönung des Wandels behalte ich mir vor,

ich stell beim BVB vielleicht auch mal'n Schalker in's Tor.

Manchmal wird es hart, und auch wenn Fetzen fliegen,

ihr seid wat ganz Besonderes und niemals kleinzukriegen!

Merkt euch dat, Leute, und handelt stets danach,

dann steht ihr unter meinem Schutz, bis hin zum jüngsten Tach."

Hömma, jetz kannze als geneigter Leser vielleicht schomma ansatz-
weise verstehen, wie und warum wir hier im Pott bis heute jede Krise
gemeistert hamm und uns egal, wat kommt, auch imma widdda wat
neues einfallen lassen. Mit feste Malochen und natürlich auch Feste
feiern, halten wir dat schon seit Generationen so, und ich lade Sie ein,
sich mit diesem erstklassigen Schmöker jetz selber davon zu übba-
zeugen, wie und watt hier Ambach iss.

Viel Spaß beim Lesen und schöne Grüße an alle

Euer Günna

1. Industriekultur im Pott

Das Ruhrgebiet ist nicht der Schwarzwald, und war auch nie das Revier der Schickeria. So bekommt das, was gemeinhin als „Kultur" gilt, im Pott eine höchst eigenwillige Farbe. Industriekultur heißt der Oberbegriff, der zwischen Hamm und Duisburg, Hagen und Recklinghausen jene Räume und Monumente sammelt, die ein Jahrhundert lang als Ausgeburten des Maschinenzeitalters der Moderne Menschen und Region prägten: Zechenbauten, Gasometer, Schiffshebewerk, Halden, Wassertürme, Eisenhütten. Diese „Mohren" der Arbeitsgesellschaft haben ihre Schuldigkeit getan, gehen dürfen sie deswegen jedoch noch nicht. Der Pott verabschiedet sich höchst würdevoll und mit viel

Hochofen im Landschaftspark
Duisburg-Nord

Gedöns von der Epoche der Schlote und Malocher: Die markanten Landmarken, Hochöfen, Fördertürme und Schornsteine, optische Pfeiler im Bebauungbrei des Reviers, werden zu Säulen der Freizeitgesellschaft. Und auch die Seele der Reviermenschen behält so ihre Orientierungspunkte. Angeschoben wurde die Metamorphose der Revierbrachen und Industrieruinen von der „Internationalen Bauausstellung Emscher Park" (IBA). Sie mobilisierte Geld – fünf Milliarden Mark, davon zwei Drittel von der öffentlichen Hand und ein Drittel aus privaten Schatullen –, den Verpackungskünstler Christo, den Kanzler und Medieninteresse.

Gasometer, Oberhausen

117 Meter ist er hoch, 350.000 Kubikmeter Luft fasst er: Im Oberhausener Gasometer, dem größten Europas, kommt sich der Besucher vor wie die Ameise in der Coladose. Dieses gigantische Ambiente ist längst eine Kultstätte für Ausstellungsmacher. Christo inszenierte dort zum IBA-Abschluss seinen „Wall" aus über 10.000 leeren Ölfässern. Schon legendär: Die Ruhrgebiets-Schau „Feuer und Flamme". Und der Deutsche Fußballbund feierte in Oberhausen seinen hundertsten Geburtstag mit der Ausstellung „Der Ball ist rund". Vom Deckel des Gasometers aus erschließt sich dem Betrachter der Strukturwandel: Baumaschinen graben das Gelände der einstigen Gute Hoffnungs Hütte um, dort wächst in Fortsetzung des CentrO ein weiterer neuzeitlicher Freizeitpark heran.

Öffnungszeiten: Von November bis April: Di 10–17 Uhr, Mi 10–15 Uhr, Do–So 10–17 Uhr. Mo ist die Plattform geschlossen

Eintrittspreise: Dachbesichtigung DM 4,– f. Erwachsene, DM 2,– ermäßigter Eintritt

Anreise: ÖPNV: Von Oberhausen-Hbf. mit der Straßenbahnlinie 112 oder den Buslinien CE90, CE91, CE92 und CE96 bis „Neue Mitte Oberhausen" PKW: Autobahn A 42 Anschlussstelle OB-Zentrum; Konrad-Adenauer-Allee in Richtung OB-Zentrum/Neue Mitte

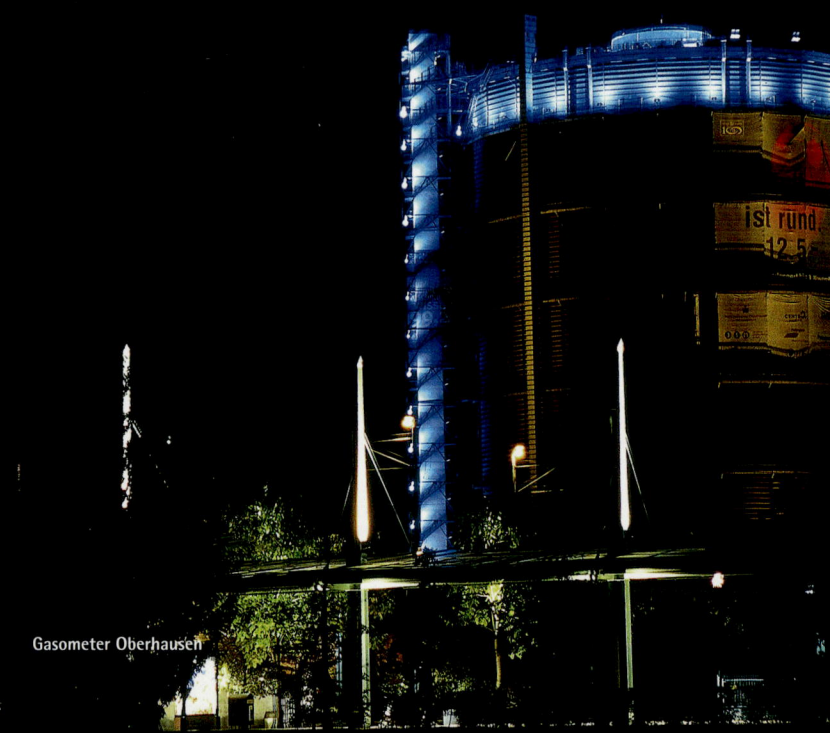

Gasometer Oberhausen

Landschaftspark Duisburg-Nord, Eingangsbereich

Landschaftspark Duisburg-Nord

Die Journalisten-Elite des Nachrichtenmagazins „Der Spiegel" über-
schlug sich bei der Beschreibung des Landschaftsparks, dem Gelände
eines ehemaligen Hüttenwerks zwischen Duisburg-Meiderich und
Duisburg-Hamborn, geradezu mit Schwärmerei: Eine „monumentale
Tempelanlage der Montanindustrie, in der eine Mischung aus Rude-
ralwildnis und Rost den Rahmen für ein einzigartiges Konglomerat
kulturell genutzter Gebäude bildet." Hierzulande sagt man knapp:
„Willze, kannze" um zu beschreiben, wie ökologischer, wirtschaftli-
cher und sozialer Umbau gemacht wird. Aber der Duisburger Landschaftspark hat es in der Tat in sich: Riesen-Feten, Techno Disco im
Pumpenhaus, Konzerte in der Glasbläserhalle. In der „sakral anmu-
tenden Kraftzentrale" (Spiegel) können Empfänge für bis zu 2.000
Personen stattfinden. Die Wände der ehemaligen Erzbunker mutierten
zu Kletterwänden. Sporttaucher exerzieren in den unterirdischen Ka-
takomben. An Wochenenden, nach Einbruch der Dunkelheit, verwan-
delt das Lichtkunstwerk des Briten Jonathan Park das kontrolliert seinem Ende entgegen rostende Ensemble in eine gigantische Skulptur.

Öffnungszeiten: Tag und Nacht

Anreise: ÖPNV: Von Duisburg-Hbf. mit Straßenbahnlinien 902/903 in Richtung
          Dinslaken bis „Landschaftspark Duisburg-Nord"
          PKW: Autobahn A 42 Anschlussstelle Duisburg-Neumühl; Duisburger
          Straße/Neumühler Straße (B8) in Richtung Meiderich, rechts
          Emscherstraße

Tetraeder Bottrop

Tetraeder, Bottrop

Was soll aus den „Alpen des Reviers", den Halden werden? Zur „Schwarz-waldisierung" taugen sie nicht. Hüttenromantik auf Abraum – das geht schon biologisch nicht. Denn was an tauben Gestein spitzkegelig oder wohl moduliert in die Landschaft gekippt wurde, ist so fruchtbar wie das Mondgestein: Noch ein Kunstwerk, das wie so oft auch in Bottrop die IBA möglich machte. Über der 90 Meter hohen Halde an der Beckstraße ragt 58 Meter hoch der „Tetraeder", eine auf drei Betonfüßen stehende, begehbare Skulptur aus Stahlrohren und Treppen. Das Erklettern ist eine Mutprobe für Schwindelfreie. Die jüngste Attraktion gleich nebenan: Gegen alle Wetterunbilden überdacht und ganzjährig tiefgekühlt, können jetzt Ski-fahrer in Bottrop auf die Piste des Alpin-Centers gehen. 640 Meter lang und 30 Meter breit sind die künstlichen Pott-Alpen. „Idiotenhügel" spotten hochgebirgserprobte Pistenjünger angesichts der monotonen Abfahrt. Die Investoren haben sich das Kunstschnee-Paradies mit Disco, Kneipe („Almdorf") und weiteren Sportmöglichkeiten immerhin rund 100 Millio-nen Mark kosten lassen.

Öffnungszeiten: Täglich von 9–24 Uhr

Eintrittspreise: Preise je Stunde: 9–16 Uhr: Erwachsene DM 17,-, Kinder bis 14 Jahre
DM 12,-, Jun./Sen./Studenten DM 15,-

Tipps für Gipfelstürmer und Pott-Panoramen

● Halde Hoppenbruch, Herten; ● Halde Schwerin, Castrop-Rauxel; ● Halde großes Holz, Bergkamen (mit videoüberwachter Gipfelhütte); ● Hohensyburg, Dortmund (Burgruine, Denk-mal, Spielcasino); ● Bergerdenkmal auf dem Hohenstein, Witten; ● Halde Pattberg, Moers; ● Alsumer Berg, Duisburg; ● Förderturm des Deutschen Bergbau Museums, Bochum; ● Hochofen im Landschaftspark Duisburg-Nord.

Rheinisches Industriemuseum Oberhausen

16–24 Uhr: Erwachsene DM 23,–, Kinder bis 14 Jahre DM 17,–,
Jun./Sen./Studenten DM 20,-

Anreise: ÖPNV: Vom ZOB Berliner Platz mit Buslinie 263 bis Haltestelle Alpincenter
PKW: Autobahn A 2 Abfahrt Bottrop Boy, A 42 Bottrop/Essen-Borbeck
jeweils Richtung Bottrop der Beschilderung folgen

Rheinisches Industriemuseum, Oberhausen

Wo Stahl in Form gebracht wird, reichen „normale" Werkzeuge nicht mehr aus. Und so sind die Dimensionen im Rheinischen Industriemuseum, der ehemaligen Zinkfabrik Altenberg, die von Riesen: Der „Hammer", der mit Dampf betrieben wurde, ist neun Meter hoch und sechs Tonnen schwer. Drehbänke und Hobel, die Eisen zu Blechen, Rohren und Schienen formten, füllen gewaltige Hallen. So sahen einmal die Arbeitsplätze von Hunderttausenden aus – Getöse, Staub, Schweiß. Im Museumsbetrieb ist das nur noch Geschichte, wenn auch eine zum Anfassen: eine Maschine demonstriert, wie widerstandsfähig Stahl ist. In der Abteilung „Forschung" fällt der Blick durch ein Mikroskop auf die winzige Welt der Stahl-Strukturen.

Öffnungszeiten: Di/Mi und Fr-So 10–17 Uhr, Do 10–20 Uhr

Eintrittspreise: DM 5,–, DM 4,– ermäßigter Preis

Gastronomie: „Museumscafé"

Anreise: ÖPNV: Bis Oberhausen-Hbf., dann nur wenige Schritte aus dem
Westausgang
PKW: Autobahn A 42 Anschlussstelle OB-Buschhausen; A 40 Anschlussstelle
Mülheim-Dümpten, Buschhausener Straße Richtung OB-Stadtmitte/Hbf.,
rechts Hansastraße. Parken auf dem Parkdeck des Bahnhofs

Zeche Zollverein XII, Essen

Die Zeche war schon in ihrem Baujahr (1928) ein Kunstwerk. Ihre einzigartige Architektur hat die „Kathedrale der Arbeit" auf die Vorschlagsliste des UNESCO-Weltkulturerbes gebracht. Errichtet im Bauhausstil mit einem Förderturm, der zum Wahrzeichen der gesamten Region wurde, kühle, glatte Fassaden – kaum zu glauben, dass diese ausgewogene Ästhetik als Hülle für Kohlenbunker, Fördermaschinen, Bandbrücken oder Kesselhaus diente. Star-Architekt Norman Foster legte nach dem Ende der seinerzeit modernsten Zeche der Welt Hand an den Kesselraum und gestaltete ihn zum Domizil des Designzentrums Nordrhein-Westfalen um.

Zollverein heute, das ist ein Museumspfad, der die Aufbereitung der Kohle zeigt, das ist die Internationale Designerausstellung (IDA), das sind wechselnde Theater-, Konzert- und Tanzveranstaltungen, und das ist vor allem das Restaurant „Casino Zollverein" mit gehobener Küche in historischem Ambiente.

Öffnungszeiten: Designzentrum NRW: Di–So 10–20 Uhr, Besucherzentrum
„Route der Industriekultur": täglich 10–19 Uhr

Eintrittspreise: Designzentrum DM 10,-

Anreise: ÖPNV: Von Essen-Hbf. oder Gelsenkirchen-Hbf. mit Straßenbahn 107 bis Haltestelle „Zollverein"

PKW: Autobahn A 42 Anschlussstelle Gelsenkirchen-Heßler, Autobahn A 40 Abfahrt Essen-Frillendorf, dann der Beschilderung folgen

chiffshebewerk Henrichenburg

Schiffshebewerk Henrichenburg/ Westfälisches Industriemuseum

Kaiser Wilhelm II. gab es in Auftrag und weihte es auch mit Glanz und Gloria ein: Das Schiffshebewerk in Henrichenburg. Was die kaiserlichen Ingenieure austüftelten war eine technische Glanzleistung. Genutzt wurde das Auftriebsprinzip, um mit geringem Aufwand Schiffe bis zu 67 Meter Länge zu heben. 14 Meter rauf oder runter befördert der Schiffs-Lift seine Fracht. 1995 wurde das Hebewerk am Dortmund-Ems-Kanal zum Museum des Jahres gekürt. Die kaiserliche Technik ist inzwischen längst nachgerüstet und ausgebaut worden: 1914 entstand die sogenannte „Sparschleuse", 1962 wurde die Anlage durch ein neues Hebewerk ersetzt und 1989, übrigens am gleichen Datum, an dem der Kaiser einst das erste Hebewerk einweihte, wurde die vierte Schleuse eröffnet. Der Besucher bekommt einen interessanten Überblick über die Fortschritte der Technik.

Am Hebewerk liegt auch das Binnenschiff „Franz Christian" vor Anker; eine Ausstellung gibt Einblicke in den Alltag der Binnenschiffer.

Öffnungszeiten: Di-So 10-18 Uhr

Eintrittspreise: Erwachsene DM 5,-, Kinder/Schüler DM 4,-

Anreise: ÖPNV: Von Recklinghausen-Hbf. mit Buslinie 231 bis Haltestelle „Kanalstraße"; von Castrop-Rauxel-Hbf. mit Buslinie CE 58 bis Haltestelle „Datteln, Wittener Straße"
PKW: Autobahn A 2, Anschlussstelle Castrop-Rauxel/Henrichenburg, der Ausschilderung „Route der Industriekultur" folgen

Route Industriekultur, Jahrhunderthalle in Bochum

route·industriekultur·

Route Industriekultur

Auch wenn noch „Betreten verboten" auf den vergammelten Schildern steht – daran braucht sich niemand mehr zu halten. Die Zeiten, in denen Kohle und Stahl den Pott fest in der Hand hatten und Außenstehende von den hektargroßen Industriegeländen fern gehalten wurden, sind vorbei. Jetzt gelten andere Wegweiser: braun sind sie, und darauf steht „Route der Industriekultur". Von Hamm über Hagen, Duisburg, Marl und Dortmund führen sie Besucher zu insgesamt 19 so genannten „Ankerpunkten" und sechs Museen, die das Rückgrat dieser ruhrgebietlichen Route bilden: Hier wird die über hundertjährige Geschichte von Kohle und Stahl nachvollzogen, spannende Historie, garniert mit den heutzutage unverzichtlichen Elementen Kunst, Kultur, Fun und Action.

Info: Tel. 0 180–4 00 00 86

Eisenbahn-Rundreisen im historischen Dampfzug auf den Spuren der Industriekultur. Dreistündige Rundreise mit dem „Phönix" zum Hüttenwerk Meiderich, Gasometer Oberhausen, Zeche Zollverein. ●

Info: Tour de Ruhr, Tel. 02 03–4 29 19 19,
www.route-industriekultur.de

Kokerei Zollverein in Essen

Aquarius Wassermuseum, Mülheim

Aus dieser Quelle sprudeln heute jede Menge Informationen. Seine ursprüngliche Funktion, über 500.000 Liter Wasser zu speichern, braucht der Wasserturm in Mülheim nicht mehr zu erfüllen. Doch um ihn abzureißen, war der 100 Jahre alte Ziegelturm einfach zu schön und wohl auch zu markant. Denn es sind gerade architektonische Landmarken vom Kaliber des Mülheimer Wasserturms, die dem Pott-Volk so etwas wie Heimatgefühl vermitteln, selbst wenn die alte Industrie längst abgewrackt oder zum Museum mutiert ist. Im Aquarius-Museum arbeiten Computer als „Fremdenführer". 25 Multimedia-

Landmarken

So wandelt sich die Bedeutung: Aus Wahrzeichen der Industrie, deren verinnerlichte Bedeutung dem Ruhr-Volk erst mit der Bedrohung im Strukturwandel so richtig deutlich wurde, werden Kunst-Installationen. Was bleibt ist der Wert: Unübersehbar stehen sie in der monotonen Stadtlandschaft des Ruhrgebiets. Sie markieren höchst sinnlich das Zuhause, etwas Unkaputtbares: Förderturm Bergwerk Rossenray, Kamp-Lintfort; Förderturm Königsborn III/IV,Bönen; Jahrhunderthalle (Theater/Konzerte), Bochum; Mont-Cenis-Park, Herne; Altstadtpark am Innenhafen, Duisburg; Halde Schurenbach (mit der rostenden „Bramme für das Ruhrgebiet" von Richard Serra), Essen; die (vermutlich weltweit größte) Sonnenuhr auf der Halde Schwerin, Castrop-Rauxel; Rheinorange, Duisburg.

Der ideale Ausgangspunkt für den Besuch der Landmarken ist Schloss Oberhausen (Konrad-Adenauer-Allee 46) mit Panorama-Galerie und Multivisionsschau.

● Info: Tel. 02 08-8 25 38 28

stationen lassen Besucher zum Chef einer Talsperre, zu Bauherren großer Kanäle oder zum Beherrscher von Katastrophen wie Rohrbrüchen oder Bränden werden.

Öffnungszeiten: Di–Do 10–18 Uhr

Eintrittspreise: Erwachsene DM 5,–, Kinder DM 3,–

Anreise: ÖPNV: Mit den S-Bahn-Linien S1 oder S3 bis Mülheim-Styrum, von dort 10 Minuten zu Fuß

                 PKW: Autobahn A 40 Richtung Essen, Anschlussstelle Mülheim, Oberhausen-Altstaden; Autobahn A 40 Richtung Duisburg, Anschlussstelle Mülheim-Styrum, B 223 immer den Schildern nach

Himmelstreppe Halde Rheinelbe, Gelsenkirchen

Es sind die Abraumhalden des Reviers, die zu Sockeln der Kunst mutieren. Wie ein „mythischer Spiralberg" wurde die Halde Rheinelbe angelegt. Auf der Spitze, 122 Meter über Normalnull, endet diese Himmelstreppe in einem Skulpturenwald. Das ist beinahe wie im Märchen: Aus den Ruinen ehemaliger Industriebauten komponierte Hermann Prijann ein fantastisches Gebilde. Ein Bunker leuchtet nächstens in geheimnisvollem Blau. Mauerreste werden von Eichenstämmen in die Höhe gehoben, geradeso als erobere sich die Natur ihr angestammtes Terrain zurück.

Anreise: ÖPNV: Von Gelsenkirchen-Hbf. mit Straßenbahnlinie 302 oder Buslinie 385 bis Wissenschaftspark.

                 PKW: Autobahn A 40 Ausfahrt Gelsenkirchen, B 227 bis Wissenschaftspark (Ausschilderung), rechts in die Rheinelbestraße, der Vorfahrtsstraße folgend geradeaus in die Leithestraße bis Kugelglasbehälter (Parkplatz)

2. Entertainment – Theater – Kleinkunst

Die Globalisierung des Entertainments stoppte nicht an den Grenzen des Ruhrgebiets. Lokale Events vom Kaliber eines Schützenfestes, der Fete eines Taubenzüchtervereins oder der Traditionsveranstaltung der Knappenvereine finden zwar noch statt, aber längst schwappen die Megatrends der internationalen Unterhaltungsindustrie auch in den Pott. Mit Kultur und ihren Akteuren ist das Revier grundversorgt und bundesweit durchaus ernst zu nehmen. Im Ruhrgebiet drängt sich die Kultur. Nirgendwo auf der Welt ballen sich mehr Stadt- und freie Theater in einer derartigen Dichte wie zwischen Ruhr und Lippe. Über 70 Bühnen für Theater, Oper und Tanz. Die Zahl der Chöre und Mu-

Meteorit in Essen

sikgruppen geht in die Tausende. Über den Daumen gepeilt singen und spielen ca. 130.000 Musikfreunde in Laienchören und Orchestern. Und der Anspruch ist auch bei den Laien hoch, die Grenze zwischen Amateuren und Professionellen fließend.

Besondere Höhepunkte sind die Festivals. Das ganze Jahr über findet im Revier ein breitgefächertes Kultur- und Freizeitprogramm statt, das Klischee vom „kulturlosen Kohlenpott" gilt schon lange nicht mehr. Und nicht nur die etablierten Theaterbetriebe haben wachsende Besucherzahlen.

Broadway

...an der Ruhr heißt in allen Produktionen: Professionalität der Darsteller, phantastische Kostüme, tolle Bühnendekorationen sowie brillante Lichteffekte im Einklang mit der Musik.

Starlight Express

Im Stil einer Bahnhofshalle der 20er Jahre hat Roncalli-Chef Bernhard Paul das Foyer des Starlight-Express gestaltet. Ende 2000 gab es die 5.227. Vorstellung des dauerausverkauften Rollschuh-Spektakels des Komponisten Andrew Lloyd Webber.

Adresse: Starlight-Halle, Stadionring 24, Bochum, Tel. 01 80-5 44 44

TheatrO-CentrO-Oberhausen

Im neuen 44 Millionen-Theater-Bau in Oberhausen spielt „Tabaluga & Lilli". Eine phantastische Geschichte von Feuer, Eis und Liebe nach einer Idee von Peter Maffay, Gregor Rottschalk und Rolf Zuckowski. Es geht um die aufregenden Abenteuer des kleinen Drachen Tabaluga.

Adresse: Musikweg 1, Oberhausen-Centrum, Tel. 01 80-5 11 30 11

Colosseum

In der monumentalen Fabrikhalle ist heute ein Musicaltheater. Hier spielt die dramatische Musical-Version vom Leben der Kaiserin Elisabeth von Österreich. Sissys Leben zwischen Glanz und Depressionen.

Adresse: Altendorferstraße 1, Essen-Innenstadt, Tel. 02 01-1 81 61 87

Colosseum in Essen

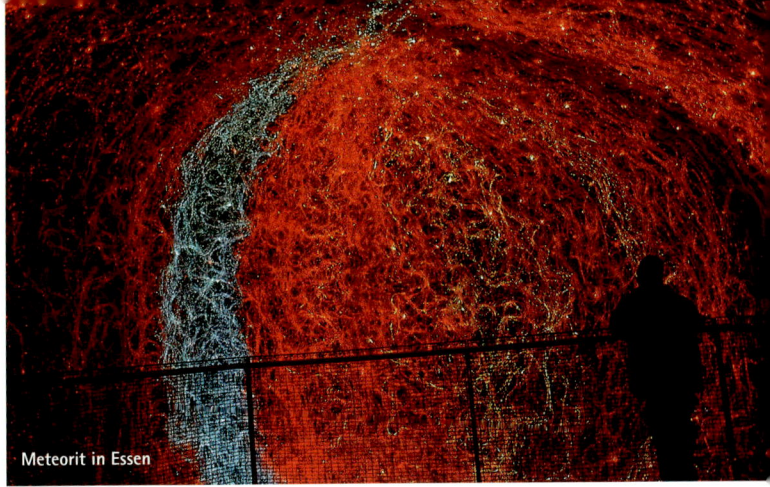
Meteorit in Essen

Leben und Spaß

...kommt auch im Pott nicht zu kurz. Sitzen und sich langweilen kann man zu Hause. Das Freizeitangebot ist breit gefächert. Spaß mit Wissen verbinden ist im Bochumer Planetarium möglich. Im „Meteoriten" von André Heller kann man seine freie Zeit mit Meditieren, Spielen, Lernen und Staunen verbringen. Wer möchte, kann die Koalas im Duisburger Zoo besuchen oder dort heiraten: Im Ruhrgebiet ist alles möglich.

Hollywood im Revier: Warner Bros. Movie World
Rund um die bunte Welt des Films werden Attraktionen wie auf einer großen Kirmes mit Fahrgeschäften, Buden und Restaurants angeboten. Wer möchte, kann Bugs Bunny oder Duffy Duck die Hand schütteln. Der Erlebnispark lockt mit aufregenden Abenteuern nicht nur für Cineasten.

Adresse: Warner-Allee 1, Bottrop-Kirchhellen, Tel. 02 45-89 98 99
                www.movieworld.de
Öffnungszeiten: April bis Ende Oktober 10-18 Uhr. Von Mitte Juli bis
                Mitte August 9-20 Uhr
Eintrittspreise: DM 38,-, Ermäßigung für Gruppen

Traumwelten eines Meisters: Meteorit im RWE-Park
André Hellers „Meteorit" in Essen ist ein unterirdischer Traum-Raum. Hier kann man mit 200.000 Volt-Blitzen spielen, an Tausenden von Spiegeln sein Outfit und seinen Verstand testen, sehen was der eigene Schatten macht, wenn man selbst schon woanders ist.

Adresse: Grillostraße 1, Essen, Tel. 0201-3 20 67-500
Öffnungszeiten: Di-So 10-18 Uhr
Eintrittspreis: DM 15,-

Planetarium und Sternenklänge: Planetarium Bochum

Die Macher des Planetariums gehen schon mal der Frage nach, welche astronomischen Erklärungen des Weihnachtssterns möglich sind. Im Kuppelraum mit über 600 qm Projektionsfläche finden 230 Besucher Platz. Unterhaltsame Sternenshows versetzen den Zuschauer auf fremde Planeten und in kosmische Weiten.

Adresse: Castroper Straße 67, Bochum-City, Tel. 02 34–5 16 06-0

                   www.bochum.de/planetarium

Öffnungszeiten: Di/Do 14 Uhr, Mi/Fr 19.30 und Sa/So 13.30 Uhr

                   (Dauer der Erklärungen jeweils 1 Stunde)

Eintrittspreise: Erwachsene DM 10,-, Kinder DM 5,-

Duisburger Zoo

Nicht nur für Tierliebhaber ein Highlight, sondern auch für Heiratswillige. Je nach Vorliebe bietet die Zoomannschaft jetzt Trauungen im Koalahaus, im Chinesischen Garten oder im Delphinarium an. Der Mietpreis des Reviers oder des Tierhauses liegt zwischen DM 300,- und DM 500,-. Im Preis enthalten ist die Betreuung der Hochzeitsgesellschaft durch das Zoopersonal. Aber Vorsicht: Die Trauung wird rechtsverbindlich durch einen Standesbeamten der Stadt vollzogen. (Auskunft: Tel. 02 03-3 05 59-12.)

Adresse: Mülheimer Straße 273, Duisburg, Tel. 02 03-3 05 59-0

Öffnungszeiten: Täglich 8.30–16 Uhr bzw. Einbruch der Dunkelheit

Eintrittspreise: Erwachsene DM 14,-, Kinder DM 8,-

                   separater Eintrittspreis für das Delphinarium

Taler, Taler du musst wandern

Der Rubel rollt. Zwar nicht in jedermanns Taschen, aber in die Kassen der einzigen Spielbank des Reviers. Ein goldenes Wunder fand 1985 in Dortmunds südlichem Vorort „Syburg" statt. Auf historischem Boden eröffnete das „Casino Hohensyburg" seine Pforten. Der Mammon-Palast aus Glas und Beton ist heute Deutschlands umsatzstärkste Spielbank. Wer nach der Schlacht um Black Jack, Baccara oder Roulette noch Geld in den Taschen hat, kann die hervorragende Casino-Gastronomie besuchen. Starkoch Thomas Bühner beglückt die Besucher mit seinen Kreationen im Spitzenrestaurant „La Table". Wer lieber die Vergangenheit beschwören möchte: nördlich des Casinos befindet sich Dortmunds älteste Kirche, die Peterskirche. Oder man geht ein paar Schritte bergauf zu den Ruinen der Ritterburg Hohensyburg mit dem Kaiser-Wilhelm-Denkmal und genießt die kostenlose Aussicht auf das Ruhrtal. ●

Adresse: Hohensyburgerstraße 200, Dortmund-Hohensyburg

                   Tel. Casino 0 21 31-77 40-0, „Le Table" 7 74 07 37

Öffnungszeiten: Casino täglich ab 15.30 Uhr, an Wochenenden bis 4 Uhr, „La Table"

                   Di-So ab 19 Uhr bis der letzte Gast geht, Mo Ruhetag

Akteure brauchen den Applaus

Im Pott ist Comedy angesagt. Tegtmeier selig machte den Anfang. Heute ist es Helge Schneider mit seinen Liedern vom „Katzenklo", das Duo „Missfits" mit seinen Frauenthemen, die sich natürlich um den Mann drehen, oder Baumarkt-Experte Peter Hans Kaltenbecher alias Fritz Eckenga vom Dortmunder Rocktheater „N8schicht". Aber es gibt auch witzige Vertreter der Hochkultur, wie der Dortmunder Peter Rollke, dessen Großformatbilder ihren Weg zu Kunstliebhabern gefunden haben. Ein Hauch von ZEN ist in den Räumen zu spüren, in denen Rollkes Bilder hängen. Auch die Duse Tana Schanzara, die große Dame des Bochumer Schauspielhauses, ist aus dem Kunstverstand der Revierler nicht wegzudenken. Piet Klocke, alias Prof. Schmitt-Hindemith, gibt als Humorist seinen Senf zum Ruhrgebietstheater. Zusammen mit seiner ewigen Gefährtin Fräulein Kleinknecht und ihrem Saxophon bestreitet er eine Bühnenshow. Detailfreude und satirische Schärfe kennzeichnen die Comedy-Szene im Pott. „Immer für Sie da" sind sie alle, auch die nicht erwähnten Humoristen, Satiriker, bildenden Künstler, Tänzer und Sänger. Der Führer durch die Kunstszene im Revier könnte so dick werden wie die Bibel, da „der Pott mit dem Urschlamm zu vergleichen ist, aus dem vieles geboren wurde", so ein Künstler der Region.

Aus so einer „Suppe" entstand auch der schräge Ruhrgebiets-Typ Herbert Knebel, der im wahren Leben Uwe Lyco heißt. Mit Prinz-Heinrich-Kappe und übergroßer Brille knebelt der herzliche Rohling seine Fans. Mit Sigi Domke und Martin Breuer, auch bekannt als Ernst Pichel, bilden die drei inzwischen ein Autorenteam, das in Punkto Comedy nichts auslässt. Herbert Knebels Affentheater hat nicht nur im Pott seine Anhänger. ●

Nirgendwo auf der Welt gibt es mehr
Stadt- und freie Theater als im Revier

Peymann ist zwar lange weg, erst nach Wien und inzwischen nach Berlin;
spektakuläre Theatersessionen am Bochumer Schauspielhaus erschüttern
die bundesdeutsche Kulturlandschaft längst nicht mehr. Das heißt aber kei-
nesfalls, dass die Pott-Kultur auf den Hund gekommen oder gar von biede-
rer bildungsbürgerlicher Qualität ist. Sicherlich reißt das Ensemble des
Dortmunder Stadttheaters keine Kulturbäume aus, auch Gelsenkirchen mit
seinem Musiktheater bedient jenen Geschmack, der in Zeiten gebeutelter
Kulturhaushalte nicht zu verachten ist. Ein satter Stamm von Abonnenten
garantiert ein Mindestmaß an Wirtschaftlichkeit. Und das ist heute – auch

„Auf Cranger Kirmes"

Traditionsreicher zehntägiger Rummel im Stadtteil Herne-Crange, der jeweils am 1. Freitag im August beginnt. Der ehemalige Vieh- und Pferdemarkt mutierte zu einer Kirmes mit Millionenumsatz. Jedes Jahr wird die „Kirmesqueen" gewählt, die für die nächsten 12 Monate die Stadt Herne und die Cranger Kirmes vertritt. Es ist die drittgrößte Kirmes nach dem Münchner Oktoberfest und dem Cannstadter Wasen in Stuttgart.

● Info: Tel. 02323–16 28 12

im Pott, mindestens so bedeutsam wie kultur-revolutionäre Veranstaltungen à la Bochum der späten 70er Jahre. Die Ruhr-Menschen sind fleißige Theatergänger. Hinz und Kunz, Kreti und Pleti: Sie alle lieben die schönen Töne, großen Bilder und Gefühle. Auch eine eigene Ruhrgebiets-Oper gibt es. In Töne gesetzt vom Komponisten Günther Wiesemann aus Hattingen und dem Dortmunder Schriftsteller Max von der Grün. „Brot und Spiele" haben sie die Oper genannt, die von einem Filmproduzenten samt Liebesgeschichte handelt, der arbeitslose Kumpel und Stahlkocher als Statisten beschäftigt. Das musikalische Ruhrgebietsstück wurde acht Mal aufgeführt.

Schauspielhaus Bochum
Großes Repertoire, Theater mit Spaß auf dem Programm. Backstage-führungen und Workshops.

Adresse: Königsallee 15, Bochum-Innenstadt, Tel. 02 34–33 33-1 11

Theater Dortmund
Spannbeton-Muschel, 1966 in die Welt gesetzt. Schauspielhaus, Studio, Opernhaus. Richtig nett, Ballett und philharmonische Konzerte.

Adresse: Hiltropwall 15, Dortmund-Mitte, Tel. 02 31–5 02 72 22

Theater Duisburg
Bühne mit internationalem Ruf, speziell für Jugendliche. Für junge Klassik-Freaks gibt es Konzerte der Philharmonie.

Adresse: Neckarstraße 1, Duisburg-Mitte, Tel. 0 23 03–30 09-1 00

Aalto-Theater Essen
Oper, Ballett und Musicals stehen auf dem Spielplan des nach den Plänen des Finnen Alvar Aalto gebauten Theaters.

Adresse: Opernplatz 10, Essen-Mitte, Tel. 02 01–81 22-2 00

Schillertheater NRW
Musiktheater Gelsenkirchen. Hier werden selbst „Klassiker" neu und spannend aufgeführt. 1997 fusionierte das Musiktheater mit den Wuppertaler Bühnen zum Schillertheater NRW.

Adresse: Kennedyplatz, Gelsenkirchen-Mitte
            Tel. 02 09–40 97-2 00

Theater Hagen
Das Jugendstil-Theater gibt es seit 1911. Nach dem Krieg gehörten die Stadtväter von Hagen zu den ersten Machern, die ihr Theater wieder aufbauten. Oper, Operette und Musicals gehören zum Programm.

Adresse: Elberfelder Straße 65, Hagen-Mitte
            Tel. 0 23 31–2 07 32 18

Theater an der Ruhr
Hier können schon Jugendliche ab 15 Jahren Bühnenluft schnuppern.

Adresse: Akazienallee 61, Mülheim an der Ruhr
            Tel. 02 08–5 90 01 12 www.theater-an-der-ruhr.de

Kleinkunst, Zauberei, Varieté

Abseits des subventionierten Kulturbetriebs entwickelte sich Mitte der 70er Jahre eine alternative Szene mit Kleinkunst, Tanz, Zauberei, Varieté und Comedy. In dieser Zeit wurde „Rock aus dem Ruhrgebiet" exportfähig. Beispielgebend war die Gruppe „Herne 3", die gegen die No-Future-Mentalität vieler Jugendlicher den musikalischen Aufruf „Immer wieder aufstehen" setzten. In dieser Zeit änderte sich auch der Stellenwert des Ruhrgebiets-Deutsch. Ihre Sprecher, bis dahin als Menschen mit niedrigem Bildungsniveau belächelt, bekamen plötzlich Kult-Status. Heute wird die Pott-Sprache als herzlich und natürlich bezeichnet. Und in Sachen alternative Kunst ist „Ruß-Land", wie man das Revier früher spöttisch nannte, bis heute kein Jammertal. Viele kleine Bühnen durchziehen das Land. Schräge Töne, tolle „Mucke" und gute Storys mit Tiefgang, aber auch Zeitprobleme wie Ausländerhass, Jugendarbeitslosigkeit und Entfremdung stehen im Programm.

Varieté ET CETERA
Deutschlands einziges Zeltvarieté, das alle zwei Monate ein neues Programm präsentiert.

Adresse: Herner Straße 299, Bochum, Tel. 02 34–1 30 03

Theater Zauberkasten
Allerfeinste Zauberkunst.

Adresse: Lothringer Straße 36, Bochum-Gerthe, Tel. 02 34–86 62 35

Luna Varieté & Theater
Akrobatik, Magie und Comedy.

Adresse: Harkortstraße 57a, Dortmund-Hombruch, Tel. 02 31–77 31 96

Satiricon
Kleinkunst: es wird gelästert, gealbert und gespielt.

Adresse: Theater im Girardet-Haus, Girardetstraße 2–38, Essen-Rüttenscheid

Tel. 02 01–78 81 08

Theater-Olpketal
Bühne frei für Günna, den Ruhrgebietsbarden mit der rauen Stimme und frechsten Knollnase im Pott. Günna macht Klartexte, ohne Schnörkel, temporeich und kurz wie die Wege im Mittelfeld beim Fußball aber auch knisternd und lustig. Egal ob gesprochen, gespielt oder gesungen, sie vereint ein stets deftiger und treffender Humor. Die Karten für Bruno „Günna" Knusts Ruhrgebiets-Shows für Anfänger und Fortgeschrittene gehören zu den Revier-Raritäten.

Adresse: Olpketalstraße 90, Dortmund-Lücklemberg

Tel. 02 31–73 53 53, www.theater-olpketal.de

Cabaret Queue
Kleinkunstbühne mit Kabarett, Restaurant, Bar und Disco und Cafe.

Adresse: Hermannstraße 74, Dortmund-Hörde

Tel. 02 31–41 31 46

Helios Theater
Freies Theater mit Schauspiel, Tanz, Puppenspiel.

Adresse: Bürgersaal VHS, Hohestraße 71, Hamm-Mitte

Tel. 0 23 81–92 68 37

Claire-Waldoff-Bühne

Gelsenkirchens berühmteste Volkssängerin war Claire Waldoff. 30 Jahre war sie auf den Bühnen Deutschlands präsent. Ihre drastisch-komischen Chansons begeistern auch heute noch viele Zuhörer. Maegie Koreen, Gelsenkirchener Chanson-Interpretin, hat zur Erinnerung an die legendäre Chanteuse eine Bühnenshow auf die Beine gestellt. Stimmgewaltig singt und spielt sie Szenen aus dem Leben der Waldoff. Maegie Koreen und ihre Claire-Waldoff-Bühne sind zu erreichen unter ● Tel. 02 09–20 29 33 oder www.chanson-cafe.de

Jetzt noch zur Kultur mit Musik und Tanz

Zeche Bochum

Live-Konzerte, Party und Disco, Restaurant.

Adresse: Prinz-Regent-Straße 50-60, Bochum, Tel. 02 34–7 20 02

Zeche Carl

Hochburg der Ruhrgebiets-Szene. Konzerte, Festivals und mehr. Rund 400 Veranstaltungen im Jahr.

Adresse: Wilhelm-Nieswandt-Allee 100, Essen-Altenessen, Tel. 02 01–8 34 44 10

Lindenbrauerei Unna

Außer Comedy, Literatur, Musik und sonstiger Kunst jeden Freitag ab 23.00 Uhr Mitternachtsdisco.

Adresse: Massener Straße 33-35, Unna-Mitte, Tel. 0 23 03–25 11 20

Flottmannhallen Herne

Künstler finden hier Raum und Licht für Skulpturen und Bilder. Dazu gibt es Kabarett und Musik samt modernem Tanz.

Adresse: Flottmannstraße 95, Herne, Tel. 0 23 23–16 29 51

Fletch Bitzel Freies Theater, u.a. auch Comedy

Adresse: Humboldtstraße 45, Dortmund-Mitte (Nähe Städt. Kinderkliniken)

Tel. 0231-14 25 15

Lindenbrauerei in Unna

Kino-Feeling heute

Die Lichtspieltheater im Revier sind auch nicht mehr das, was sie einmal waren: Das Kino um die Ecke musste modernen, großen, mit vielen Sitzreihen ausgestatteten und kühl eingerichteten Filmpalästen weichen. Üppige Dimensionen und modernste Technik samt Snackbar mit Popcorn und Cola vermitteln Kino-Feeling von heute. Einen Hauch von Nostalgie und Eisverkauf im Saal verbreiten die kleineren Programmkinos, die es in jeder Ruhrgebietsstadt gibt.

IMAX
...liegt direkt neben der Starlight-Halle. 3D-Format und 447 Sitzplätze. Bild und Tonqualität vom Feinsten. 550 qm Leinwand, 6-Kanal-Digital-Sound-System.

Adresse: Stadionring 28, Bochum, Tel. 02 34–5 07 22–21

CINEMAXX
Multiplextheater mit 16 Sälen, ca. 5.600 Sitzplätze, Komfort wie in einem Wohnzimmersessel. Die moderne Technik und von jedem Platz freie Sicht auf die Leinwand vermitteln ein Kinoerlebnis besonderer Art.

Adresse: Berliner Platz 4-5, Essen-Mitte, Tel. 02 01–8 20 30 40

Cine-Star
Multiplex mit 14 Sälen. 20 Prozent Pärchensitze garantieren Seherlebnisse zu zweit. Viel Teppich und Polster. Bistro. Im Saal 8 gibt es täglich eine Lasershow. Filme für Taubstumme mit Untertiteln.

Adresse: Steinstraße 44, Dortmund (hinter dem Hauptbahnhof)
                Tel. 02 31–8 40 54 54

R|A|G

Zeichen setzen

Fördertürme, Zechengebäude, Bergehalden –
das sind Orientierungs- und Identifikations-
punkte im Ruhrgebiet. Als Unternehmen der
Region hat sich die RAG Aktiengesellschaft an
zahlreichen Projekten der IBA beteiligt: Sinn-
bilder der Industriekultur wurden bewahrt und
neuen Verwendungszwecken zugeführt. Zeichen
des Strukturwandels entstanden. Zum Beispiel
die Plastik von Richard Serra auf der Schuren-
bachhalde in Essen (Bild). Darüber hinaus setzt
die RAG auch wirtschaftspolitisch Zeichen: Wir
unterstützen die Ansiedlung neuer Industrie-
und Wirtschaftszweige durch Investitionen oder
Kooperationen mit öffentlichen Einrichtungen.
Damit schaffen wir die besten Voraussetzungen,
dass der Wirtschaftsstandort Ruhrgebiet auch
weiterhin seine Attraktivität behält.

RAG – Perspektiven für die Zukunft

www.rag.de

3. Kultur pur – Museen und Festivals

Museen mit Weltgeltung gibt's auch im Pott. 1883 wurde in Dortmund das erste Museum des Reviers eröffnet, wenig später folgten Witten und Hamm. Auch in Essen und Duisburg richtete sich der Blick auf Historisches. Bereits 1902 sammelte Karl-Ernst Osthaus Kunst in seinem mit eigenem Vermögen errichteten Folkwang-Museum in Hagen. Er zeigte erstmals in Deutschland einen echten van Gogh und legte so den Grundstein zu einer der größten europäischen Kunstsammlungen, dem heutigen Folkwang-Museum in Essen. Rund 400 Kunstwerke fielen unwiderruflich der nationalsozialistischen Politik

DASA in Dortmund

„entartete Kunst" zum Opfer. Aber die Sammlungen des Museums bieten dem Besucher eine vollständige Übersicht über die deutsche und französische Malerei und Skulptur des 19. und 20. Jahrhunderts und sehenswert ist ein Besuch im Museum allemal. Inzwischen gibt es an die hundert kulturgeschichtliche Museen, von der Archäologie bis zur Wirtschaftsgeschichte. Und da das Revier im Volksmund auch das „Land der Arbeit" heißt, gibt es auch in Dortmund das erste Arbeitsmuseum. Hier werden Arbeitsabläufe, und wie man sie sicherer macht, gezeigt.

Folkwang-Museum

Malerei, Grafik, Fotografie. Alle richtungsweisenden Kunstepochen von der Romantik bis zur heutigen Avantgarde sind durch Exponate vertreten. Sammlung zur Geschichte der Fotografie. Führungen, Kurse, Exkursionen und Vorträge für Kinder und Erwachsene.

Adresse: Goethestraße 41, Essen-Rüttenscheid, Tel. 0 21 01–88 45-3 14
                  www.museum-folkwang.de

Öffnungszeiten: Di–Do, Sa/So 10–18 Uhr, Fr 10–24 Uhr, Mo geschlossen

Eintrittspreise: Erwachsene DM 8,–, Ermäßigung DM 5,–, Kinder bis 14 Jahre frei

Museum Küppersmühle/Sammlung Grothe

In einer denkmalgeschützten ehemaligen Getreidemühle sind Arbeiten berühmter Nachkriegskünstler wie Baselitz, Immendorf und Beuys installiert.

Adresse: Philosophenweg 55, Duisburg-Innenhafen, Tel. 02 03–30 19 48 11
                  e-mail: Küppersmühle@online.de

Öffnungszeiten: Mi–So 11–18 Uhr

Eintrittspreise: Erwachsene DM 10,–, Schüler/Studenten DM 7,50,
                  ab 15 Pers. DM 6,–

Wilhelm Lehmbruck Museum

Werke von Lehmbruck, Max Ernst, Dali, Picasso und Beuys. Neben Gemälden, Grafiken und Skulpturen sind auch Arbeiten zu sehen, die sich mit neuen Medien beschäftigen.

Adresse: Friedrich-Wilhelm-Straße 40, Duisburg, Tel. 02 03–2 83 26 30
                  www.duisburg.de/lehmbruck

Öffnungszeiten: Di–Sa 11–17 Uhr

Eintrittspreise: Erwachsene DM 6,–, Kinder DM 3,–, Familienkarte DM 12,–

Plakatmuseum in Essen

Especially 4 U

Wechselausstellung für überwiegend junges Publikum. Mit im Programm sind Workshops und Mitmachaktionen mit Künstlern.

Adresse: Blumenstraße 12-14, Bottrop, Tel. 0 20 41-70 37 21

Öffnungszeiten: Di-Fr u. So 14-17 Uhr, Mo/Sa geschlossen

Eintrittspreise: Erwachsene DM 5,-, Kinder DM 3,-

Deutsches Plakatmuseum

Hier wird gezeigt, wie Werbung gemacht wird und wo sie landet. Und wie im richtigen Leben gibt es immer was Neues, denn alle zwei Monate wird die Ausstellung gewechselt.

Adresse: Rathenaustraße 2, Essen, Tel. 02 01-8 84 51 08

Öffnungszeiten: Täglich außer Mo 12-20 Uhr

Eintrittspreise: Erwachsene DM 2,-, Kinder frei

DASA

Blut, Schweiß und Tränen. Wie schwer, laut, staubig, monoton und gefährlich Arbeit sein kann, ist in der Deutschen Arbeitsschutz-Ausstellung in Dortmund-Dorstfeld zu sehen. Ein Elektrostahlofen, eine Textilfabrik um 1900 mit Webstühlen, der Bildschirmarbeitsplatz eines Fluglotsen: alles echt und aus nächster Nähe zugänglich. Exponate wie ein zertrümmerter Sicherheitsschuh, eine verkohlte Heizdecke und der berüchtigte Tankwagen von Herborn führen dem Besucher Mängel im Arbeitsschutz drastisch vor Augen.

Adresse: Friedrich-Henkel-Weg 1-25, Dortmund-Dorstfeld

                  Tel. 02 31-9 07 16 45, www.baua.de

Öffnungszeiten: Di-Sa 9-17 Uhr, So 10-17 Uhr

Eintrittspreise: Eintritt frei. Nur bei Sonderausstellungen ist ein Obolus zu entrichten

DASA in Dortmund

Deutsches Bergbau-Museum

Hier kommt man genauso sauber raus, wie man reingegangen ist. Den Besucher erwartet in 17 Meter Tiefe ein Netz von Gängen, rund 2,5 Kilometer lang. Der Rundgang zeigt geballte Bergbautechnik. Das Museum wurde 1930 erbaut und gilt als das bedeutendste Bergbaumuseum der Welt. Nicht versäumen: den tollen Blick vom Förderturm über Bochum.

Adresse: Am Bergbaumuseum 28, Bochum

Tel. 02 34–5 87 70,

www.bergbaumuseum.de

Öffnungszeiten: November bis März Mi/Fr 10–17 Uhr, So und an Feiertagen 10–13 Uhr; April bis Oktober Mi/Fr 10–17 Uhr, So und an Feiertagen 10–15 Uhr

Eintrittspreise: Erwachsene DM 8,–, Jugendliche/ Studenten DM 5,–, Förderturm DM 2,–

Glaskasten Marl

Skulpturen der klassischen Moderne und zeitgenössischen Kunst. Der Name „Glaskasten" beschreibt die Örtlichkeit. Den ganz mit Glas umbauten Raum des Museums unter dem Sitzungssaal des Marler Rathauses und andererseits das angestrebte Konzept: Transparenz für jedermann. Die Kunstwerke sind nicht hinter Mauern verbannt, sondern gehören teilweise zum städtischen Leben. Mehr als 70 Kunstwerke stehen im öffentlichen Raum um das Rathaus und den künstlich angelegten City-See.

Adresse: Creiler Platz, Rathaus, Marl, Tel. 0 23 65–99 22 57

Öffnungszeiten: Täglich außer Mo von 10–18 Uhr

Eintrittspreise: Eintritt frei

Alte Synagoge Essen

Der Kuppelbau liegt neben dem Rathaus. Gedenkstätte und politisch-historisches Dokumentationsforum mit zwei Dauerausstellungen.

Adresse: Steeler Straße, Essen-Mitte, Tel. 02 01–8 84 52 18

Öffnungszeiten: Täglich außer Mo von 10–18 Uhr

Eintrittspreise: Eintritt frei

Museum Küppersmühle in Duisburg

Brauerei-Museum

Dass Dortmund ein Brauerei-Museum hat, kommt nicht von ungefähr. Seit 1250 wird in der zweitgrößten Stadt des Reviers Bier gebraut. Im Museum wird anschaulich und nüchtern der Prozess der Bierherstellung dargestellt. Eine komplett eingerichtete Küferwerkstatt zeigt ein heute fast ausgestorbenes Handwerk.

Adresse: Märkische Straße 85, Dortmund-Innenstadt (Richtung Hörde)
                Tel. 02 31–5 02 48 50
Öffnungszeiten: Täglich außer Mo 10–18 Uhr
Eintrittspreise: Erwachsene DM 4,–, Kinder von 7 bis 16 Jahre DM 1,–

Haus Ruhrnatur

21 Stationen Erlebnismuseum rund um das Thema „Wasser".

Adresse: Alte Schleuße 3, Mülheim-Zentrumsnähe, Tel. 02 08–4 43 33 80
Öffnungszeiten: Täglich außer Mo von 10–18 Uhr
Eintrittspreise: Erwachsene DM 3,–, Kinder ab 6 Jahre DM 2,–

Festivals im Revier sind die „Hohe Kultur"

Kunst zwischen Schmalzbrot und Hochofen: Theaterfestival Ruhr – das ist kein neues Festival, sondern eine Kooperation von unterschiedlichen Theater-Events im Revier. Getragen wird das Festival der Festivals vom Kommunalverband Ruhrgebiet. Alljährlich, vom 15. April bis 15. Juni finden Theaterkunst mit klassischem Schauspiel, Tanz, Straßentheater an unterschiedlichen Spielorten statt. Und da die Region Ruhrgebiet heißt, sind die Bühnen inmitten der Landschaft der Industriekultur: von der Bühne im Recklinghäuser Festspielhaus bis zur Gieß-Bühne auf dem Gelände des ehemaligen Stahlwerks in Duisburg-Rheinhausen.

Kunst gegen Kohle – Kohle gegen Kunst

In einer Zeit, wo kaum jemand einen Gedanken, geschweige denn eine Mark für Kultur verschwendete, liegen die Wurzeln der Festival-Stadt Recklinghausen. Im Winter 1946 lieferten Kumpel der Zeche Ludwig dem Not leidenden Staatstheater in Hamburg Kohle auf Kredit und retteten damit deren Existenz. Zum Dank spielten die Theaterleute von der Elbe im nächsten Sommer vor den Bergleuten in Recklinghausen: Das war die Geburtsstunde der Ruhrfestspiele. Pünktlich zum 1. Mai heißt es jedes Jahr „Vorhang auf". Seit 1965 verfügt die Stadt über einen eigens errichteten Musentempel für die Spiele – das Festspielhaus.

Adresse: Kunsthalle, Große Pferdekamp-Straße 25-27, Recklinghausen
Tel. 0 23 61–92 18-0, www.ruhrfestspiele.de

Tastenkunst

Zum Klavierfestival Ruhr versammelt sich seit 12 Jahren einmal jährlich die pianistische Welt-Elite. Überraschende und spannende Konzertabende in verschiedenen Ruhrgebietsstädten. Auch die Freunde des Jazz kommen nicht zu kurz. Das Eröffnungskonzert im Jahre 2001 findet am 16. Juni im Essener Aalto-Theater statt.

Infos und Karten: Tel. 02 31–18 16–1 87

Glanz und Glamour in Oberhausen

Die weltweit ältesten Internationalen Kurzfilmtage finden seit 1954 in Oberhausen statt. Im Jahr 2000 wurden über 2.600 Beiträge und Videos aus 89 Ländern eingereicht. Die Sichtung, Auswahl und Programmierung erfolgt durch eine unabhängige Kommission. Hier wird auch der Preis für das beste deutsche Musik-Video verliehen.

Adresse: Grillostraße 34, Oberhausen, Tel. 02 08-8 25 – 30 73

STANDORT●HIER

4. Party und Nightlife –
Eine Nacht im Revier

Die Sonne verstaubt im Pott schon lange nicht mehr, und der Mond scheint helle. Eine Nacht im Revier, ein kleiner Zug um die Häuser, im schicken Fummel oder Jeans bis zum Morgengrauen, hat schon manchen Szenebummler umgehauen.

„Ich dachte, hier wär nix los", so die typische Touristenmeinung. Irrtum. Das war früher so. Doch heute sieht alles anders aus: Die Bürgersteige werden auch im Pott nicht um zehn Uhr hochgeklappt. Mancher Nachtschwärmer ist schon im Bochumer Bermuda3Eck mit seiner hohen Kneipendichte einfach verschwunden. Und nach dem letzten Tango und einem letzten Pils lässt es sich am frühen Morgen in einem der zahllosen kleinen Bistros, die es in jeder noch so kleinen Revierstadt gibt, wunderbar frühstücken.

Jetzt ein paar Nachtschicht-Tipps, obwohl man sich auf eigene Faust auch gut amüsieren kann.

Gecco-Club

Ein Nachtcafe für Partyhopper. Mittwochs After-Work zum Stressab-
bau. Freitags wechselndes Musikprogramm.

Adresse: Schaumburgstraße 1, Recklinghausen-Mitte, Tel. 0 23 61- 38 44 69 14

Quo Vadis

Donnerstags traben graugezwirnte Bürohengste aus ihren Denkzellen
raus aus dem Büro und rein in die Nacht. Ziel ist der Partytrend des
Jahres – der After Work Club. Hier gibt es außer Pasta auch House, La-
tin und Dance Classic.

Adresse: Wittekindstraße 23, Dortmund (gegenüber den Westfalenhallen

                  an der B 1), Tel. 02 31–12 11 13

Three Sixty

Biergarten, Riesenauswahl an Bier und Cocktails, Sport und Musik auf
Großbildleinwand.

Adresse: Kortumstraße 2–10, Bochum-Mitte, Tel. 02 34–9 16 03 60

Orlando

Schwul-lesbische Szenekneipe mit ausgefallenem Ambiente, Biergarten, Lesungen.

Adresse: Alte Hattinger Straße 31, Bochum-Ehrenfeld, Tel. 02 34–3 42 42

Meyer-Lansky's

American Cocktail-Bar – über 100 Cocktails werden angeboten – im
Stil der 30er Jahre.

Adresse: Westfalendamm 166, Dortmund, Tel. 02 31–59 96 70

Dorfschenke

Erstes Cyber-Cafe Deutschlands,
Biergarten, Fußballübertragungen.
Angeschlossen ist das kleinste ab-
hängige Kino Deutschlands.

Adresse: Am Damm 10

                  Duisburg-Friemersheim

                  Tel. 0 20 65–4 72 70

Kultig, Spaß und Fun

Die Nacht ist lang, und Discos gibt es viele. Die Musik geht mit der Zeit. Was mal „Sex, Drugs and Rock 'n' Roll" war, ist heute House, Techno und Pop. Und wer noch weiter in der Zeit zurückgeht, stößt dabei auf den Drei-Viertel-Takt. Ein berühmtes Amüsierviertel war Anfang des 20. Jahrhunderts die Dortmunder Brückstraße mit ihren vielen Varietés und Tanzcafes.

Planet
Club mit zwei Dancefloors, Cocktailbar. Zu Fuß vom Bermuda3Eck erreichbar.

Adresse: Kortumstraße 135, Bochum-Mitte, Tel. 02 34–68 58 89

Tarm Center
Großdisco mit Lasershow, Gartenanlage mit Swimmingpool.
Musik: House und Dancefloor, Funk & Soul, Schlager.

Adresse: Rombacher Hütte 6–10, Bochum-Weitmar, Tel. 02 34–45 90 70

Club 2000@Ballhaus
NRWs größter After-Hour-Club. Musik: Techno, House und Trance.

Adresse: Märkische Straße 16–20, Dortmund-Mitte, Tel. 02 31- 5 86 39 99

Stadtpalais
Märchenschloss zum Tanzen: üppige Ausstattung, mehrere Dancefloorbereiche. Musik: Club Sounds, Charts und Schlager.

Adresse: Westfalenforum, Hansastraße 5–7, Dortmund-Mitte
                Tel. 02 31–1 65 54 30

Delta Musik Park
Auf fünf Ebenen Disco, Konzerte, Liveacts und Mottopartys.
Musik: Clubsounds und Charts.

Adresse: Hamborner Straße 200b, Duisburg-Hamborn/-Meiderich
                Tel. 02 03–54 90 90

Mudia Art
In-Club mit verschiedenen Zonen und Musikrichtungen.
Location: 100 Jahre alte Jugendstil-Fabrikhalle.

Adresse: Frohnhauser Straße 75, Essen-Mitte, Tel. 02 01–23 50 28

5. Der Pott kocht –
Essen und Trinken im Revier

Restaurant Casino Zollverein in Essen

Bier, Pommes und 'ne kalte Mettwurst? Wer immer noch meint, der Pott sei eine kulinarische Wüste, der irrt. Auch das Ruhrgebiet hat seine Esskultur. Zwischen Fastfood und Gourmettempeln der Neuen Deutschen Küche wird jeder fündig.

Essen und Trinken haben eine besondere Tradition. In ihren Schlössern und Burgen ließen es die Edlen und die Raubritter bei festlichen Gelagen hoch hergehen. Die einfachen Leute hingegen waren in der vorindustriellen Zeit zum größten Teil Selbstversorger. Vor den Toren der Stadt bauten sie Gemüse an, für Milch und Käse hielt man sich eine Ziege. Um diese Zeit wurde auch eine Dame namens Henriette Davidis mit ihren Kochbüchern und dem berühmten Satz „Man nehme..." unsterblich. Die Ruhrgebietsküche ist ohne „Jettchen", wie sie liebevoll genannt wurde, nicht denkbar.

Das einfache, aber deftige Essen der Arbeiterschaft aus der Blütezeit von Kohle und Stahl

schmeckt noch heute vielen. Das Hauptziel der Malocher und Kumpels hieß: satt muss man werden. Fünf Sterne waren nicht gefragt. Doch eine kulinarische Einöde war der Pott auch in späteren Jahren nicht. Die vielen Gastarbeiter importierten ihre eigenen Rezepte.

Nach dem dann die Blütezeit vorbei war, wurden viele stillgelegte Industriebetriebe zu Biergärten, Restaurants und Szenetreffs umfunktioniert. Stahlwerke und alte Zechen bieten romantische Kulissen für kulinarische Erlebnisse.

Nicht zu vergessen ist dabei das berühmte Glas Bier. „Auf'n Pilsken und n' Kurzen", sagt der Volksmund. Viele Brauereien von Weltruf sind im Revier groß geworden. Übrigens, die ersten Brauer waren Frauen. Der Rat der Stadt Dortmund etwa beschäftigte im 15. und 16. Jahrhundert besoldete Braufrauen, die erwerbsmäßig Bier herstellten. Kulinarische Grubenfahrten und Brauerei-Erlebnisabende sind die Höhepunkte eines unvergleichlichen Gastro-Trips durch den Pott. Fernab von aller Vielfalt ist ein Stopp an der nächsten Pommesbude obligatorisch, denn nach wie vor gilt die Devise von Herbert Grönemeyer: „Gehsse inne Stadt, wat macht dich da satt? 'ne Currywurst!"

Brauhäuser – ein Erlebnis

Kulinarische Grubenfahrt von der ersten bis zur siebten Sohle. Zwischen rustikalen Bergmannsstullen und gepökeltem Schweineschinken erwartet die Teilnehmer ein reichlich gedeckter Tisch sowie „Herta, die singende Putzfrau" und „Schorsch, der singende Steiger".

Tipp: Brauereierlebnisabende – Bierbrauen, Biertrinken und Schlemmen von Biergerichten (Biera-mi-su), ein rundum vergnüglicher Abend. Zu buchen ab 10 Personen, die Künstler kommen auf Anfrage.

● Brauhaus Hibernia, Bahnhofsvorplatz, Gelsenkirchen, Tel. 02 09–20 85 31

          Öffnungszeiten: So-Do 9-24, Fr/Sa 9-1 Uhr

● Brauhaus Graf Beust, Kastanienallee 95, Essen, Tel. 02 01–22 57 19

          Öffnungszeiten: Täglich 11-24.30 Uhr

● Brauhaus Schacht 4/8, Düsseldorferstraße 21, Duisburg, Tel. 0203–2 81 00-0

          Öffnungszeiten: So-Do 8.30-24.30, Fr/Sa 8.30-2 Uhr

Mit allen Sinnen genießen. Auf zum Schlemmen!

Die Vielseitigkeit der Küche im Ruhrgebiet lässt das Herz eines jeden kulinarischen Genießers höher schlagen. Allein schon aus diesem Grund lohnt eine Reise ins Revier. Als Ausklang am Abend oder wenn einen zwischendurch der Hunger packt: Garnieren Sie Ihre Tour de Ruhr unbedingt mit einem Abstecher in die Erlebnisgastronomie des Potts.

Hier ein paar besondere Gastro-Höhepunkte:

Nichts für Angsthasen: Schloss Berge

1901 wurde die adlige Tradition aus dem Geschlecht Westerholt-Gysenberg durch eine gastronomische abgelöst. „Schloss Berge" wurde Sommerfrische und Ausflugsort mit Kaffee und Kuchen. Die heutige Karte knüpft an adlige Traditionen an: Es kommt nur „vom feinsten" auf den Tisch. Aufgepasst: Der Schlossgeist spukt seit dem 16. Jahrhundert durch die Gemäuer.

Adresse: Adenauerallee 103, Gelsenkirchen, Tel. 02 09–5 99 58

Öffnungszeiten: Täglich ab 10 Uhr bis der letzte Gast geht

Eat-Art Schloss Schwansbell

Haben Sie schon mal einen Picasso angeknabbert? Und das in fürstlicher Umgebung? Bestimmt nicht. Die Stadtväter von Lünen haben es verstanden, Unmögliches zu verbinden: Eat-Art, ein altes Schloss, ein Museum, eine Verwaltung. In der Küche des Schloss-Restaurants residiert der Künstler-Koch Franz Lauter. Der Michelin Sterne-Koch hantiert nicht nur mit dem Kochlöffel, auch der Pinsel liegt sicher in seiner Hand. Wer die Kreationen auf dem Teller sieht, ist hingerissen, wie etwa bei der „Schokoladenmousse in Blumenkohl verliebt".

Schloss Schwansbell

Adresse:	Schwansbeller Weg 32, Lünen
	Tel. 0 23 06–20 68 10
Öffnungszeiten:	Mi-Sa ab 15-23 Uhr, So 12-15 und
	18-23 Uhr, Mo/Di Ruhetage

Wasserschloss Wittringen

Von der B 224 runter, dann 300 Meter weiter und man steht in einer herrlichen Oase des Reviers. 450 Morgen Wald und blühende Wiesen umgeben in Gladbeck das Wasserschloss Wittringen. Eine komplette Ritterausrüstung und Schwerter als Accessoires an den Wänden erinnern an die einstigen wilden Raubritter im Revier. Im 13. Jahrhundert errichtet, überdauerte das Schloss bis in die heutige Zeit. Eine Terrasse zum See und eine Vogelinsel mit Volieren lädt zum Kaffee und Kuchen ein. 25 Hauptgerichte in allen Preiskategorien locken an fast 30 Tischen die Gäste zum Verweilen.

Adresse: Burgstraße 64, Gladbeck, Tel. 0 20 43–2 23 23
Öffnungszeiten: Täglich 10-22 Uhr

Afrika im Pott

Jenseits von Afrika und nah an der Rheinischen Straße geht es exotisch zu. Mitten im Westend von Dortmund liegt das „Coconut." Sabine und Constantine Chokwu haben sich hier ihren afrikanischen Traum erfüllt. Der Geruch von Kurkuma, Ingwer und Curry verführt jeden Magen. Zwischen ethnischen Masken mit Kerzen als Wanddekoration und selbstgemachtem Ingwer-Bier, von der Musik nicht zu reden, kommt Fernweh auf. Im Sommer ist ein kleiner Biergarten geöffnet. Die Küche ist afrikanisch-karibisch orientiert.

Adresse: Augustastraße 1, Dortmund-Innenstadt, Tel. 02 31–14 40 43
Öffnungszeiten: Mo-Sa ab 19 Uhr bis der letzte Gast geht, So Ruhetag

Enten im Magen können uns was sagen!

Unschlagbare Entengerichte, mit grünem und rotem Curry, dazu Zitronengras, frisches Basilikum oder Cocosmilch, sind das Geheimnis von Frau Wong im Restaurant „Entenhaus". 30 Variationen der Zubereitung des edlen Federviehs bietet die Speisekarte. Nicht nur für Kenner ein Genuss.

Adresse: Holtbrügge 27, Dortmund-Wellinghofen, Tel. 02 31-46 24 87

Öffnungszeiten: Mo-Sa 11.30-15 und 17-23 Uhr, So durchgehend

Vegetarische Lust

Wer es vegetarisch liebt, sollte ins „Greenwood" gehen. Gemüse der Saison, dazu Gerichte von der Vorspeise bis zum Dessert, alles zu normalen Preisen, lassen „fleischfreie" Herzen höher schlagen.

Adresse: Willem-van-Vloten-Straße 4, Dortmund-Hörde, Tel. 02 31-43 79 19

Öffnungszeiten: Di-Fr 12-14 und 17.30-23 Uhr, Sa 17.30-23 Uhr, So 12-14 und 17.30-22

                Uhr, Mo Ruhetag

Salute!

Leonardo D'Arelli, ein Spitzenkoch der Cucina Italiana, bietet in „Salute" nicht nur hervorragende Fisch- und Fleischgerichte, sondern auch ein elegantes Ambiente.

Adresse: Winkelriedweg 53, Dortmund-Wambel, Tel. 02 31-59 88 77

Öffnungszeiten: Mo-Fr 12-15 und 18-24 Uhr, Sa 18-24 Uhr, So Ruhetag

Mitten im Wald

Rustikale Gemütlichkeit mitten im Schwerter Wald. „Freischütz": eine Adresse für Tagesausflüge. Großer Biergarten im Sommer. Solide Hausmannskost lockt die hungrigen Gäste.

Adresse: Hörder Straße 131, Schwerte, Tel. 0 23 04-4 02 66

Öffnungszeiten: Täglich 10-24 Uhr

Platte machen?

Geheimtipp für Leute, die ins Grüne wollen. Herrliche Wildgerichte sind des Wanderers Lust. Das Lokal „Zur Platte" bietet gediegene Räumlichkeiten und einen weiten Blick in das Ruhrtal.

Adresse: Weg zur Platte 73, Essen-Bredeney, Tel. 02 01-49 12 37

Öffnungszeiten: Di-So 10-23 Uhr, Mo Ruhetag (außer an Feiertagen)

Original Diner

Im US-Stil der 50er Jahre ist das Bistro „Lucky Strike" aufgemacht. Neonreklame, fetzige Rock 'n'-Roll-Musik, dazu Milchshakes, Burger und Rumpsteaks. Wer will, kann den Köchen beim Brutzeln zusehen.

Adresse: Am Lichtbogen 12, Essen-Borbeck, Tel. 0201-8 63 00 55

Öffnungszeiten: Mo-Do und So 4.30-1 Uhr, Fr/Sa Tag und Nacht

Genuss ohne Reue

Neue Deutsche Regionalküche und Gourmetgenuss: Die Doppelgleisigkeit im Restaurant „Haus Stemberg" erfordert Spitzenköche. Der Patron ist so einer: „Gastronomie ist kein Beruf, sondern eine Berufung", so das Motto von Walter Stemberg, auch bekannt als Fernsehkoch und Autor erfolgreicher Kochbücher wie zum Beispiel das vergnügliche „Starauflauf".

Adresse: Kuhlendahlerstraße 295
              Velbert-Neviges
              Tel. 0 20 53–56 49
Öffnungszeiten: Sa–Mi 12–15 und 18–23 Uhr,
              Do/Fr Ruhetage

Jettchens Erben im Pott

Das Hotel „Mühlenbergerhof" bietet nicht nur Betten, sondern hat auch eine hervorragende Küche mit Gerichten aus dem Ruhrgebiet. Besitzer und Koch Manfred Schulte ist mit seinem Kochbuch „Der Pott à la card" über die Grenzen des Reviers hinaus berühmt geworden.

Adresse: Hohenbudberger Straße 88, Duisburg-Rheinhausen
              Tel. 0 20 65–4 15 65
Öffnungszeiten: Di–Sa 18–23 Uhr, So 12–14 und 18–23 Uhr, Mo Ruhetag

Wer Jettchen verehrt, sollte im Hotel „Henriette Davidis" übernachten. 20 Betten stehen zur Verfügung. Besitzer Norbert Willam, der auch die Küche betreibt, bietet regionale Gerichte und „Neue Deutsche Küche" an. Darunter auch Henriettes berühmten Heringssalat.

Adresse: Trininendorferstraße 8, Wetter, Tel. 02335–74 11
Öffnungszeiten: Mo, Mi- Sa 18–22 Uhr, So 12–14 und 18–22 Uhr,
              Di Ruhetag

Zeitreise ins Mittelalter

„Tretet ein, das Brot wird lecker sein". Anke Müller und Ehemann Jürgen, singender Bäcker, betreiben am Fuße der Hohensyburg ein kleines Backhaus. Der kräftige Geruch von brennendem Buchenholz mischt sich mit dem Duft von frisch gebackenem Brot. Die Zeitreise ins Mittelalter, wo das Brot, genau wie bei den Müllers, noch aus dem Steinofen kam, ist keinem Kunden zu weit. Das Getreide wird auf dem eigenen Land angebaut. Ausschließlich Vollwertmehle ohne Zusatz- und Konservierungsstoffe finden Verwendung.

Adresse: Müller's Backes, Am Klusenberg 2/Ecke Hohensyburgstraße, Dortmund-Hohensyburg, Tel. 02 31-7 97 00 99
(Am besten vorher anrufen, da das Geschäft nur drei Tage in der Woche geöffnet ist.)

Lendchen pur!

Ein Vegetarier sollte das Lokal „Porterhause Börste" meiden. Nur ausgesuchtes Fleisch vom Feinsten wird den Gästen serviert. Saucen kann man selbst wählen.

Adresse: Börster Weg 100, Recklinghausen-Nordviertel, Tel. 0 23 61-2 22 71
Öffnungszeiten: Täglich ab 18 Uhr bis der letzte Gast geht

Bauchtanz

Wer ins „Anatoll" geht, der meint im siebten Himmel zu sein. Das türkische Lokal mit 15 Tischen hat den Raum mit meterweise blauem Stoff dekoriert. Die Spiegel an den Wänden vollenden dieses himmlische Gefühl. Tolle türkische Gerichte mit allen Sinnen genießen; in dieser ehemaligen Eckkneipe ist fröhliches Tafeln mit Freunden angesagt.

Adresse: Am Neudorfer Markt 2-4, Duisburg-Neudorf, Tel. 02 03-35 66 37
Öffnungszeiten: Täglich 12-24 Uhr

Absoluter Geheimtipp

José Fernandez bietet knackfrischen Atlantikfisch, und das jeden Tag. „Haus Plagge" nennt sich sein portugiesisches Lokal (ganz im Sinne von Multi-Kulti).

Adresse: Altstadtstraße 2, Lünen, Tel. 0 23 06-5 31 83
Öffnungszeiten: Do-Di 17-2 Uhr, Mi Ruhetag

Vornehm und schlicht

Eine weiße Jugendstilvilla, dahinter vornehmes schlichtes Ambiente. Das „Residence" bietet wunderbare Gerichte zwischen 52,- bis 67,- Mark.

Adresse: Auf dem Forst 1, Essen-Kettwig, Tel. 0 20 54-9 55 90
Öffnungszeiten: Di-Sa ab 18.30 Uhr bis der letzte Gast geht, So/Mo Ruhetage

1001 Nacht

In der City vom wohlhabenden Mülheim liegt die „Pyramide". Seit 1988 betreibt Ali El Nawiwi das ägyptische Spezialitätenrestaurant. Ein star-

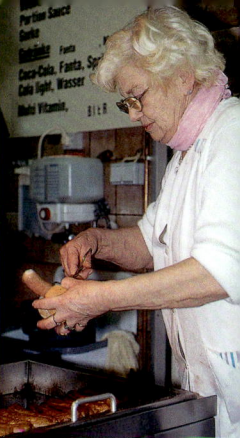

Die echte Currywurst

Und für ganz abgefahrene Touristen, die vom Pott nicht genug haben können: Die Frittenbude mit der einzig echten, von Grönemeyer besungenen Currywurst gibt es nur bei „Dönninghaus", direkt neben dem Union-Kino in Bochums City.

Adresse: Kortumstraße (gegenüber von Hausnummer 15)
Bochum-Innenstadt

kes Stück Küche, eine Atmosphäre, die an die Sahara denken lässt, beige und altrosa Töne, Tuchsegel unter der Decke, Miniaturen aus der Pharaonenzeit an den Wänden: all das vermittelt den Eindruck an das Märchen aus 1001 Nacht. Einmal die Woche wird Bauchtanz à la Ägypten präsentiert.

Adresse: Wallstraße 2, Mülheim-Innenstadt, Tel. 02 08-47 79 09
Öffnungszeiten: Di–Fr ab 17.30–24 Uhr, Sa/So 12.30–15 und 17.30–24 Uhr,
Mo Ruhetag

Gruezi miteinand

Klein, aber fein: Almhütten-Zauber im Revier. Etwa 30 Liebhaber der Schweizer Küche finden Platz im Chalet Suisse. Gesunder Appetit muss mitgebracht werden.

Adresse: Abteistraße 9, Essen-Werden, Tel. 02 01-49 15 24
Öffnungszeiten: Täglich ab 17.30 Uhr bis der letzte Gast geht,
So/feiertags zusätzlich 12–15 Uhr

Kugel samt Rubel

Grün, romantisch und mit viel Lebensart, das bietet „La Table" in der Spielbank Hohensyburg.

Adresse: Hohensyburgerstr. 200, Dortmund-Hohensyburg, Tel. 02 31-7 74 07 37
Öffnungszeiten: Di–So ab 19 Uhr bis der letzte Gast geht, Mo Ruhetag

Zechengastronomie für Nostalgiker

Die im Bauhausstil errichtete Schachtanlage XII der Zeche Zollverein gilt als technisches Meisterwerk der Industrie. Nicht nur kulturelle Veranstaltungen erfreuen den Besucher, es lockt auch eine vorzügliche Gastronomie im historischen Ambiente des „Casino Zollverein".

Adresse: Casino Zollverein, Gelsenkirchener Straße 181, Essen-Katernberg
Tel. 02 01-83 02 40
Öffnungszeiten: Di–So 11.30–24 Uhr, Mo Ruhetag

Budenzauber I

Die Bude ist auch theaterreif geworden.
Die Ruhrpott-Duse Tana Schanzara
spielte in dem Stück „Tana aus Moskau"
eine Kioskpächterin aus dem Ruhrgebiet.
Hubert Dingenskirchen, Barde aus Essen,
hat die Bude mit seinem „Trinkhallen-
blues" besungen. Das schönste Büdchen
im Revier hat Dagli Hüseyin, ein ehemaliger Lehrer aus der Türkei. Das himmel-
blaue kleine Holzhäuschen unter zwei
riesigen Platanen an der Ecke Hafenstraße in Duisburg-Ruhrort ist eines von
fast 18.000 Büdchen im Revier.

Pfefferpotthast-Rezept

Pfefferpotthast gehört als Lokalkolorit auf den Tisch. Das Rezept stammt von der unseligen
Witwe Agnes von der Vierbecke aus Dortmund, die anno 1378 auf dem Scheiterhaufen lan-
dete, weil sie die Stadt an den Grafen von der Mark verraten hatte.

Man nehme:
750 g Rind- oder Schweinefleisch (kurze Rippchen), 1/2 l Wasser, etwas Salz, 3 kleinge-
schnittene Zwiebeln, 1 Teelöffel Pfefferkörner, 6 Nelken, 2 Lorbeerblätter, 2 Esslöffel Essig
oder 1/2 entkernte Zitrone, 40 g Fett, 40 g Weizenmehl, 1/2 Liter Brühe, 1 Esslöffel Kapern.
Das Wasser mit den Gewürzen zum Kochen bringen, das abgewaschene Fleisch hineingeben
und gar kochen. Danach von den Knochen lösen und in nicht zu kleine Würfel schneiden. Aus
dem Fett, Mehl und der durch ein Sieb gegossenen Brühe eine helle Mehlschwitze herstellen.
Die Kapern unterrühren und das Ganze mit Salz, Essig oder Zitronensaft abschmecken. Das
Fleisch dazu geben und auf kleiner Flamme noch 10 Minuten ziehen lassen.
Dazu reicht man Salz- oder Pellkartoffeln.   Guten Appetit.

Budenzauber II

Lebenskultur Ruhr pur: Die Trinkhallen. Eine der spannendsten Geschichten im Ruhrgebiet ist zweifellos die Entstehung der „Bude". Vor über hundert Jahren errichtet als vielgeliebte „Selterbude", sind sie heute aus dem Pott nicht mehr wegzudenken. Die ersten waren kunstvoll errichtete, sechs- oder achteckige Holzhäuschen, die nach allen Seiten hin offen waren. Doch auch „anne Bude" machte der Strukturwandel nicht Halt. Wo es früher nur Mineralwasser gab, ist heute ein breites Warensortiment vorhanden. Richtig „kultig" ist es, sich an diesen Tante-Emma-Läden zu treffen und die vergessene Rolle Klopapier oder Fluppen zu holen. Bei dieser Gelegenheit trifft man immer jemanden zum Pläuschken, und so erfährt man ganz nebenbei den neuesten Klatsch aus der Nachbarschaft. Und wenn die Meiersche über die Müllersche herzieht, na, dann geht es so richtig genüsslich zu, anne Bude...

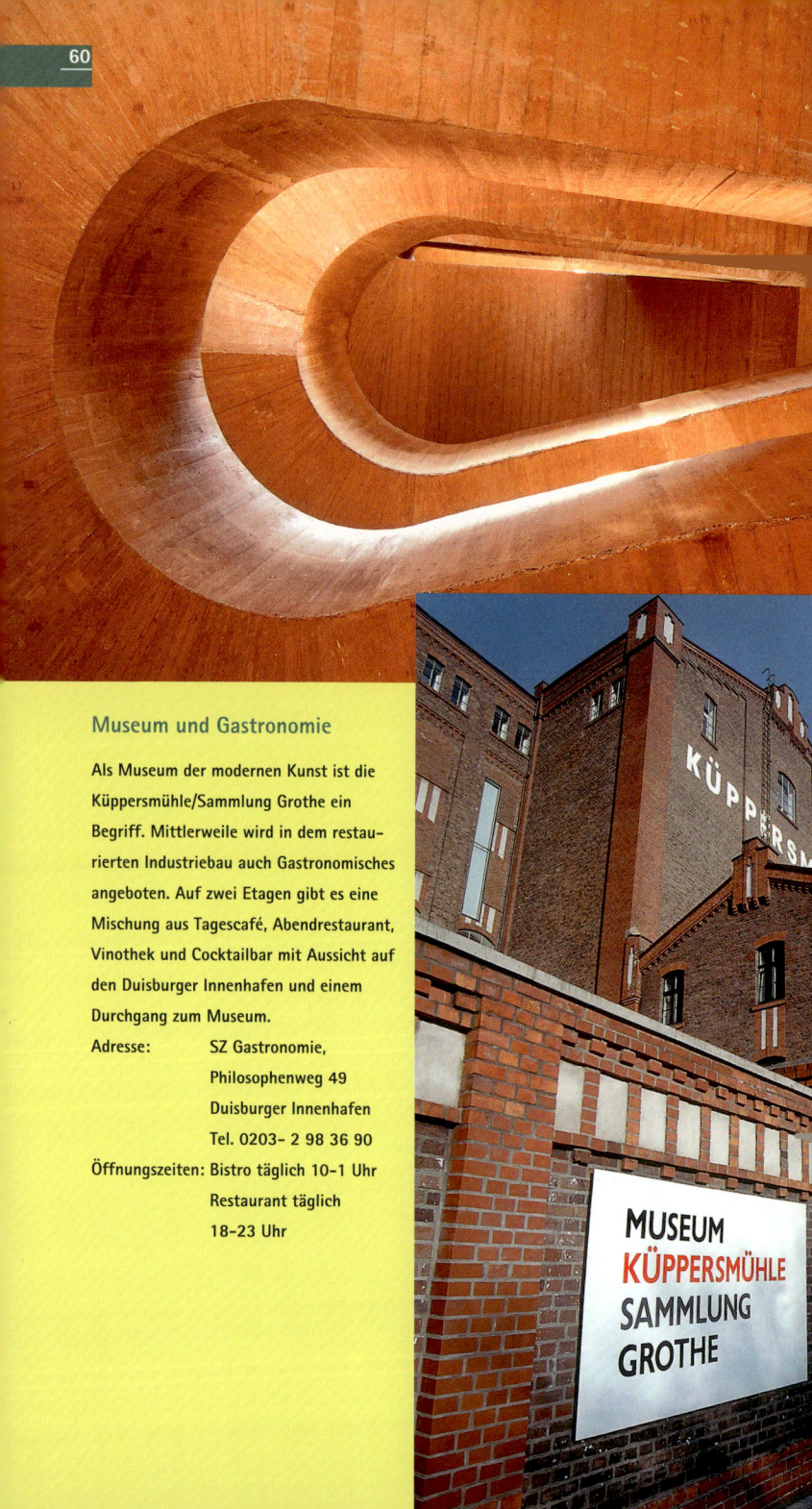

Museum und Gastronomie

Als Museum der modernen Kunst ist die Küppersmühle/Sammlung Grothe ein Begriff. Mittlerweile wird in dem restaurierten Industriebau auch Gastronomisches angeboten. Auf zwei Etagen gibt es eine Mischung aus Tagescafé, Abendrestaurant, Vinothek und Cocktailbar mit Aussicht auf den Duisburger Innenhafen und einem Durchgang zum Museum.

Adresse: SZ Gastronomie,
                   Philosophenweg 49
                   Duisburger Innenhafen
                   Tel. 0203- 2 98 36 90
Öffnungszeiten: Bistro täglich 10-1 Uhr
                   Restaurant täglich
                   18-23 Uhr

MUSEUM
KÜPPERSMÜHLE
SAMMLUNG
GROTHE

Edle Tropfen

Modernes Marketing betreiben die Brüder vom Zisterzienserkloster in Bochum-Stiepel. Die Kloster GmbH verkauft einen wunderbaren Wein. Der edle Tropfen wächst in Österreich, rings um das Stammhaus der Zisterzienser. Im Klosterladen gibt es auch noch andere schöne Sachen zu entdecken.

Adresse: Zisterzienser-Kloster, Bochum-Stiepel, Tel. 0234–77 77 50

Original-Kaninchenbratenrezept

von Renate Elsner – Ruhrpöttlerin seit Generation

Hauskaninchen macht man in einer Buttermilchbeize. Beize: Buttermich mit Wacholderbeeren, Lorbeerblatt, Pfefferkörner, Nelken eventuell Zitronenscheiben, Zwiebelscheiben. 24 Stunden sollte das Kaninchen eingelegt werden. Das Beizen soll weniger zarte Fleischstücke mürbe machen. Das Fleisch von jungen Hauskaninchen wird nicht gebeizt, sondern 24 Stunden in ein Essig getränktes Tuch gelegt, das während dieser Zeit immer feucht gehalten werden muss.

Rezept:
1 Hauskaninchen, Salz, etwas Butter, 150 g durchwachsenen Speck, Zwiebel, 1/4 l saure Sahne, etwas Mehl und Speisestärke.
Das Kaninchen aus der Marinade nehmen, trocken tupfen, mit Salz einreiben. Dann mit etwas Butter bestreichen, mit Zwiebel- und Speckscheiben umwickeln und in den Bräter geben. In den vorgeheizten Ofen schieben und braten bis es gar ist.
Bratensatz mit Wasser oder Brühe loskochen, mit Speisestärke und Mehl binden. Sahne dazu, aufkochen und abschmecken.
Dazu Kartoffeln und Rotkohl servieren.   Guten Appetit.

„Willze, kannze, was du hast noch nich' – kochen musste lernen, Kind, sonst musste hungern" – der besten Ruhrpottköchin schlechthin: Waltraud Zander

Siedlung Eisenheim in Oberhausen

6. Wohnen im Revier –
Villenviertel und
Bergarbeitersiedlungen

Der Ruhrschnellweg (oder besser Schleichweg!) markiert immer noch so etwas wie eine Grenze der ruhrgebietischen Wohnkultur. Südlich davon, in den feinen Villenvierteln wie Dortmunds „Kirchhörde", Bochums „Stiepel" oder Essens „Bredeney", die vor über 100 Jahren von den Reviermagnaten gegründet wurden, wohnt auch heute noch, wer Geld und Einfluss hat. Anders zeigt sich die Nordseite des Reviers mit Stadtteilen wie Dortmund-Eving, Bochum-Riemke oder Essen-Katernberg. Hier siedelten einst in Mietskasernen oder kleinen Siedlungen die Arbeiter der Schwerindustrie. Mit dem Untergang der industriellen Arbeitsplätze veränderte sich auch die Struktur dieser Sied-

„Als wie wennse bei Oma auf'n Hof kommst"

Der Tourist hat im Ruhrgebiet viele Übernachtungsmöglichkeiten: Vom exclusiven Hotel, über kleine Pensionen bis zu „Bed and Breakfast". Wer Land und Leute hautnah kennen lernen will, sollte sich sein Bett in einer der zahlreichen alten Bergarbeitersiedlungen nehmen. Aufgeblüht zu kleinen Gartenstädten, nehmen die Bewohner gerne Gäste auf, bieten Bed and Breakfast und Familienanschluss. Wer Glück hat, bekommt nicht nur den von der Oma gebackenen, duftenden Kuchen serviert, sondern lernt auch noch die „Rennpferde des kleinen Mannes", die Tauben kennen.

Und auf'n Pilsken inne nächste Kneipe wird garantiert jeder Gast einmal eingeladen. ●

lungen. Manche wurden dem Erdboden gleichgemacht, andere in den 70er Jahren von den streitbaren Bewohnern als wertvolle Kulturdenkmale und preisgünstiger Wohnraum erhalten. Inzwischen muss niemand mehr auf die Barrikaden gehen, um die Altbaubestände des Potts zu erhalten. In ihnen siedelt heute eine buntes Gemisch von Bildung und Maloche. Es gilt als durchaus schick, sich in den Räumen mit dem noch vermeintlichen Geruch der Arbeiterklasse mit piekfeinen Designermöbeln wohnlich einzurichten. Aber auch für diesen Trend gilt: Die Stadtflucht, von der das Ruhrgebiet befallen ist, betrifft vor allem die Nordhälfte.

Villa Hügel
...das größte Einfamilienhaus Deutschlands, einst Domizil der Krupps. Heute finden dort Kunstausstellungen und sonstige Kulturveranstaltungen statt. ●
Adresse: Hügel 15, Essen–Bredeney
Tel. 02 01–41 39 81

Margaretenhöhe

Eine Verbindung von Kleinstadtatmosphäre mit großstädtischen Attributen in einer der schönsten (1906 erbauten) Werkssiedlungen des Ruhrgebiets.

Adresse:　　　　Essen, Info-Tel. Ruhrlandmuseum 0201-8 84 52 00

Leben wie in der WG

Lebensgefühl und Lebensart im Pott, Geschichte und Geschichten aus erster Hand, das bieten die Unterkünfte in alten Bergarbeitersiedlungen.

Bed and Breakfast

Adressen:　　　　Schwarzbachstraße 6, Essen, Tel. 0201-8 55 48 03

　　　　　　　　Siegelstraße 7, Dortmund, Tel. 02 31-7 95 01 66

Übernachten in Eisenheim

Keimzelle des Werksiedlungswesen, 1846–1903 errichtet.

Adresse:　　　　Fulda-, Berliner-, Eisenheimerstraße, Oberhausen

Beamtenkolonie Grafenbusch

1910/1923 baute gegenüber von Schloss Oberhausen der Architekt Bruno Möhring villenartige Backsteinbauten für Leitende Angestellte. Die Betriebshierarchie ist am Grundriss ablesbar.

Wohnen im Pott hieß auch „Kunst im Pott".

- Hagen - Zentrum des Jugendstils,
  Innenausbau Henry van der Velde.
  Karl-Ernst-Osthaus-Museum, Hochstraße 73, Hagen

- Villa Hohenhof Lauweriks-Häuser,
  Am Stirnband, Hagen-Ernst
  Hier hat der Holländer J. L. M. Lauwericks
  erstmals neun Häuser nach mathematischen
  Konstruktionsprinzipien verwirklicht.

- Häuser Schröder, Cuno und Goedecke,
  Haßleyer Straße/Ecke Am Stirnband, Hagen-Ernst
  Axiale Systeme kennzeichnen die Pläne,
  die Peter Behrends im Villengebiet Hohenhagen
  verwirklichen wollte.

Schloss Hugenpoet in Essen-Kettwig

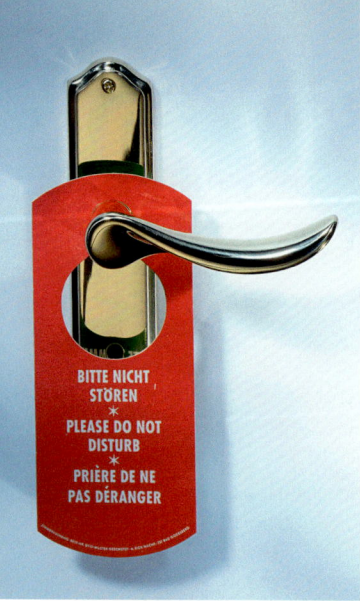

Geschichtsträchtig oder Schlössertour

Mit der Industriekultur auf „Du und Du" zu gehen oder Übernachtung in aristokratischen Herrenhäusern: Das Revier bietet viele Möglichkeiten.

Klein aber fein

Das kleine, 30-Betten-Hotel „Ferro-tel" in der Duisburger-Innenstadt bietet Übernachtung mit Frühstück in geschichtsträchtigen Räumen. Im gesamten Hotel stehen Exponate, mit denen vor gar nicht so langer Zeit noch gearbeitet wurde. So können Tagungen in der Kraftwerk- oder Schaltzentrale abgehalten werden, frühstücken kann man im Magazin und abends in der Löschzentrale ein „Pilsken und 'nen Kurzen" genießen. Die Zimmer sind mit Dusche/WC, Telefon, TV, Modem- und Faxanschluss ausgestattet. Kostenfreie Parkplätze werden angeboten.

Adresse:	Düsseldorfer Straße 122–124, Duisburg-Innenstadt, Tel. 02 03–28 70 85
Preise:	ÜFrühstücksbuffet: EZ ab DM 149,-, DZ ab DM 179,-

Aristokratisches Ambiente

Auf Schloss „Hugenpoet" treffen sich immer noch die Spitzen von Wirtschaft und Politik des Ruhrgebiets. Das 300 Jahre alte Renaissance-Wasserschloss wurde 1955 zum exklusiven Hotel-Restaurant umgebaut. Umgeben ist es von einem herrlichen Park. Die Zimmer sind unterschiedlich mit antikem Mobiliar ausgestattet und verfügen natürlich auch über moderne Kommunikationsanschlüsse. Die Weinkarte des Restaurants ist ein Spitzenbuch: 500 verschiedene Weine werden angeboten.

Adresse:	August-Thyssen-Straße 51, Essen-Kettwig, Tel. 0 20 54–12 04–0
Preise:	ÜF: EZ DM 340,- bis DM 380,-, DZ DM 410,- bis DM 495,-
	Zusätzlich stehen eine Junior- und eine Turm-Suite zur Verfügung.

Wasserburg mit Rittersaal

Im „Rittergut Haus Laer", das sich immer noch im Familienbesitz befindet, spukte so mancher einsamer Ritter seit dem ersten Spatenstich um 940. Das Gästehaus befindet sich in einer alten Wasserburg, im Rittersaal finden festliche Veranstaltungen statt. Individuell gestalte-

te Appartements und Suiten laden zum „Wohnen auf Zeit" im feuda-
len historischen Ambiente ein.

Adresse: Höfestraße 45, Bochum-Laer, Tel. 02 34–38 30 44

Preise: Der Preis richtet sich nach der Größe der Räume und

                Dauer der Anmietung.

Kurfürstliches Anwesen

Mitten in Recklinghausen steht ein komfortables Herrenhaus. Einst
kurfürstliches Anwesen, ist die „Engelsburg" heute ein Hotel mit groß-
städtischem Ambiente. Im Kellergewölbe eine Saunaanlage im italienischen Stil und im Turm eine dreistöckige Suite.

Adresse: Augustinessenstraße 10, Recklinghausen-Innenstadt, Tel. 0 23 61–20 10

Preise: ÜFrühstückbuffet: EZ 205,-, DZ DM 245,-,

                DZ de Luxe DM 255,-, DZ als Einzelzimmer DM 215,-,

                Suiten DM 310,- und Turmsuite DM 610,-

Naturlandschaft Essen-Schuirwald in Werden

7. Idyllen im Pott

Von der Ruhr ausgehend, entwickelte sich in der Vergangenheit die technische und wirtschaftliche Verflechtung von Kohle und Stahl. Viele anmutige Landschaften wurden durch die Industrialisierung zerstört. Noch um die Mitte des 19. Jahrhunderts war die heutige Stadtlandschaft Ruhrgebiet kaum besiedelt, es gab Wälder und Felder. Auf dem Weg in die Dienstleistungs- und High-Tech-Zukunft kommt man dieser grünen Vergangenheit ein Stück näher. Doch die Ruhrpöttler haben es schwer mit ihren Naturschönheiten und Zeugnissen der Industriekultur. Überall auf dem Weg zu Natur- und sonstigen geschichtlichen Idyllen stößt man auf die Spuren der industriellen Vergangenheit. Was tun damit? Abreißen oder erhalten? Mit neuen wegweisenden Projekten wird versucht, alles zu verknüpfen. Natur plus altes traditionsreiches Kulturland, umgeben von Industriedenkmalen: das ergibt ein ganz neues Spektrum der Vermarktung. Die Industriekultur stellt heute einen unverwechselbaren Rahmen für die Natur- und historischen Idyllen im Revier dar. Anderswo ist es sicherlich idyllischer, aber längst nicht mit so einem spannenden Drumherum. Im Revier ist man stolz auf das „von Hand gemachte Werk". Und dass die Bewohner einsam am Ruhrufer angeln können, ist im Pott nichts Neues. „Na ja, Idyllen gab es bei uns schon immer, aber unsere Industrie-Idylle, um die man so einen Wirbel macht, die haben wir uns schwer erschuftet. So was gehört einfach nicht abgerissen", meint ein alter Ruhr-Angler, ehemals Arbeiter der Henrichshütte in Hattingen.

Hattingen

Fachwerkromantik pur: 143 wunderschön zurechtgemachte Häuschen
verzieren die Altstadt, Schwarz-weiß bewohnte Geometrie schimmert im
Sonnenlicht. Es geht gemächlich zu in dem kleinen Städtchen an der Ruhr.
Das Auto kann beruhigt im Altstadtparkhaus abgestellt werden. Die Gassen, Winkel und Plätze sind für Fußgänger gemacht. Unübersehbar der
schiefe Turm der Georgskirche. In seinem Schatten das Renaissance-Rat-
haus, in dem das Heimatmuseum untergebracht ist. Kurios ist das 1611 er-
baute und 1962 mustergültig instand gesetzte „Bügeleisenhaus", dessen
Obergeschoss breiter ist als das untere. Tagsüber locken viele Cafés, Bistros
und Gaststätten und abends werden die Bürgersteige nicht hochgeklappt.
Für Unermüdliche ein besonderer Tipp: der Torkelkeller.

Wer schwimmen will, braucht nur über die Ruhrbrücke Richtung Winz
fahren und sich ein lauschiges Plätzchen am Ufer suchen. Aber Vorsicht:
Die Strudel der Ruhr sind gefährlich. Schönstes Wandergebiet um Hattingen ist die „Elfringhauser Schweiz" (B 51 Richtung Schwelm). Eine Vor-
alpenlandschaft im Pott, in der Gartenlokale zum Verschnaufen einladen.

Bochum-Stiepel

Das Ruhrgebiet gilt unter Kennern als gottlos, frei nach dem Motto: „Erst kommt das Essen, dann die Moral". Der Pott ist rot, aber Gott ist auch hier nicht tot, zumindest nicht in Bochum-Stiepel. Hier bestimmen Wälder, sanft geschwungene Hügel das Bild. Der akademisch-vornehme Vorort mit feinen Häuschen und kleinen Bauernhöfen, ist der älteste Wallfahrtsort Deutschlands. Vor dem Bild der „Schmerzhaften Mutter von Stiepel" erbitten Gläubige seit dem Mittelalter göttlichen Segen. Bis 1820 stand das Bild in der Stiepeler Dorfkirche; doch das älteste Kirchenbauwerk im Ruhrtal (1008) ist mittlerweile evangelisch, so dass das Marienbild nun in der katholischen Wallfahrtskirche am Stiepeler Zisterzienserkloster zu sehen ist. 1990 wurde das Kloster gegründet; 661 Jahre hatten die gottesfürchtigen Mönche mit ihrem Mutterhaus im Wienerwald keine Neugründung gewagt. In dem kleinen Vorort Bochums wurden sie dann überrascht vom Zulauf der Gläubigen. Die Bänke der Pfarrkirche sind Sonntag für Sonntag dicht besetzt. Und abends, wenn der lateinische Chorgesang durch St. Marien hallt, huschen schon mal Männer mit Aktentaschen durch die Tür: Ein paar Minuten abschalten, Ruhe finden, fern vom Alltag, weg vom Stress in klösterlich-romantischer Umgebung.

Gegenüber, auf dem anderen Berghang, erhebt sich Burg Blankenstein (Wittener Straße). Vom 30 Meter hohen Bergfried aus hat man einen wunderbaren Ausblick auf das Naturschutzgebiet Kemnader Feld. Hier gibt es auch ein Burgrestaurant. Erbaut wurde Blankenstein 1227 aus den Steinen der ein Jahr zuvor zerstörten Isenburg. Unweit der Burg liegt das malerische Städtchen Blankenstein. Unbedingt einen Spaziergang wert!

Rebellennest

Zwei Kilometer entfernt, hoch über Hattingen, die Mauerreste der Isenburg-Ruine. Hier bietet sich ein unvergleichlich schöner Blick ins Ruhrtal. Wer in Vollmondnächten den Aufstieg auf die Burg wagt, soll, so die Erzählungen, im ehemaligen Schlosshof, dort wo sich der Brunnen befand, das Surren eines Spinnrads und die Klage einer Frau hören. Die Frau, Gattin des Burgherrn Friedrich von Isenberg, wurde ein Opfer der damaligen politischen Verhältnisse. Als er, der den damaligen Erzbischof um seinen Kopf gebracht hatte, von seinen Feinden gerädert werden sollte, wollte die Unglückliche noch schnell sein letztes Geschenk, ein silbernes Spinnrad, retten. Doch die feindlichen Soldaten waren schneller. Aus Angst und Verzweiflung sprang sie in den tiefen Brunnen und ward nicht mehr gesehen. Aber fortan hörte man ihr nächtliches Klagen im Schein des Mondlichtes. ●

Haus Scheppen am Baldeney-See

Ansammlung von Sport, Kultur und knurrendem Magen

Mitten im Ruhrtal liegt ein beliebtes Ausflugsziel und Surfparadies: der im Sommer 1979 fertiggestellte Kemnader Stausee. Wie an einer Perlenschnur reihen sich Hengsteysee, Harkort-, Kemmader-, Kettwiger-, Baldeney-See aneinander. Der Kemnader See ist 3,5 Kilometer lang und 450 Meter breit. Rund um den See verläuft ein Rad- und Wanderweg, der auch zum Inline-Skaten geeignet ist. Bei Stiepel kann man in dem Gebäude einer alten Zeche, die heute als Restaurant dient, Fahrräder und Surfbretter leihen. Die von dort ausgehende Kemnader Straße führt auch zur Wasserburg Haus Kemnade, die eine historische Sammlung über Bochums Stadtgeschichte beherbergt und natürlich auch ein Restaurant. Im Rittersaal, Steinsaal und einem Jagdzimmer der „Burgstube Haus Kemmnade" lässt es sich vorzüglich speisen. Achtung: Im Sommer ‚stapeln' sich die Besucher. Familien mit Kindern sollten einen gut gefüllten Rucksack mitnehmen.

Die Wiege des schwarzen Goldes

Die Wiege des Bergbaus liegt im Muttental. Auf neun Kilometern befestigten und ausgeschilderten Wegen geht es durch die Frühgeschichte des schwarzen Goldes. Gut zwei Stunden dauert der Marsch über 32 Stationen durch mehrere Jahrhunderte Geschichte. „Gekohlt" wird im Muttental seit dem Mittelalter. Hier lag die Kohle nur wenige Spatenstiche unter der Erde. Doch die Preußen brachten Zucht und Ordnung in den wilden Tagebau. Das Muttental bietet auch Anschauungsstücke: das Fördergerüst der Zeche Egbert (1976 geschlossen), einen verschlossenen Stollenmund, eine Handhaspel.

Adresse: Muttentalstraße 35, Witten, Zentrale Informationsstätte
des Wanderwegs

Haus Scheppen am Baldeney-See

Romantische Liebe

Wetter, die kleine Stadt an der Ruhr, hat außer kleinen Fachwerkhäuschen noch etwas richtig Romantisches zu bieten. Hoffmann von Fallersleben, Dichter des Deutschlandliedes, warb hier verzweifelt um Henriette von Schwachenbach, Herrin auf Haus Hove. 1820 lernten sie sich kennen. Aber Henriette, durch trübe Erfahrungen mit Männern gewarnt, verbot sich diese Liebe. Ein reger Briefwechsel über Jahre folgte. Henriette heiratete zwischenzeitlich einen ihr weniger gefährlich werdenden Mann. 1843 sahen sich die Liebenden für zwei Tage wieder. Ein Jahr später starb Hoffmanns Liebe. Verbunden wurden die beiden Liebenden in der Neuzeit: Die Hoffmann-von-Fallersleben-Straße führt direkt zu Haus Hove im Ortsteil Wengern. ●

Eine Seh-Fahrt durch's Ruhrtal

18 Kilometer Volldampf voraus mit dem Museumszug. Von April bis Oktober geht es jeden ersten Sonntag zwischen Hattingen und Wetter-Wengern mit dem Zug aus den Kindertagen der Eisenbahn auf Fahrt durch Natur- und Industrielandschaften. Eine Uralt-Lok, die gewaltig Dampf in die Luft bläst, dahinter eine Reihe vorsintflutlicher Wagen. Gemächlich geht es über Blankenstein, Herbede, Ruine Hardenstein/Muttental über Witten-Bommern bis Wetter-Wengern-Ost und wieder zurück. Im Barwagen gibt es Erfrischungen und Souvenirs.

Adresse: Hattingen/Ruhr, Höntruper Straße bis zum Ende, links bergab und nach
             500 Metern ein großer Parkplatz. Tel. 0234–49 25 16

St. Lucius Kirche in Essen-Werden

Baldeney-See mit „Vögelkes"

Lang, lang ist's her. In der Abtei Werden wurde alles verbucht, was die Adelshöfe abzuführen hatten. Viele Städte im Revier sind im Hebergister des Männerklosters erstmals schriftlich erwähnt. Der Besuch der Abtei (Brückstraße 54, Essen-Werden) lässt sich mit einem Ausflug zum Baldeney-See verbinden. 10 Kilometer lang, bis zu 700 Meter breit ist das Freizeit-Paradies im Süden von Essen. Bootshäuser, Klubräume, Lokale mit Seeblick und Anlegestege für Boote säumen das Ufer. Von hier ist die Villa Hügel, einst Domizil der Krupps, zu sehen. Im Heissi-wald, westlich des Sees, kann man durch Wälder wandern. Hier leben Dam-, Schwarz- und Muffelwild. Ein Uferbereich ist Vogelschutzgebiet und Heimat für so seltene und gefährdete „Vögelkes" wie Teichrohr-sänger, Rohrdommel, Haubentaucher, Rotkehlchen und die Singdros-sel. Segeln, rudern, surfen: am Baldeney-See ist vieles möglich. Das ehemalige Freibad wird heute als Licht- und Luftbad geführt. Schwim-men darf man nicht, dafür gibt es große Spiel- und Liegewiesen. Eine

Beachvolleyball-Anlage, Tischtennis, Minigolf und Grillplätze bieten jede Menge Freizeitvergnügen. Mit der Hespertalbahn (alte Dampf-und Dieselloks) ist es möglich, von Essen-Kupferdreh (Prinz-Friedrich-Karl-Straße, Alter Bahnhof) den See entlang zu fahren.

Dortmund-Rombergpark

Dortmund, Stadt mit hohem Grünanteil und Stadt des BVB, der schwarz-gelben Vorzeigekicker, des höchsten Weihnachtsbaums und des „Goldenen U", der Westfalenhalle samt Florianturm, hat auch Idyllisches zu bieten – den Rombergpark. Am Eingang steht noch das Torhaus von Schloss Romberg. Angelegt wurde der Park 1818 von Maximilian Weyhe nach englischem Vorbild. Interessant ist die cirka 80 Jahre alte, konisch gepflanzte Lindenallee. Ein Meisterwerk der gärtnerischen Trickkiste: Die Allee erscheint ohne Ende. Dem Park angegliedert ist ein Tropenhaus samt Krokodil, direkt neben dem Café. Die Wiesen sind für Picknick und Sonstiges gut geeignet.

Zwischen Dortmund-Hörde und Brünninghausen liegt der Park an der Nordkirchenstraße, oder über die B54, Ausfahrt „Rombergpark" in Richtung Hombruch.

Industriekrümel – was rastet, das rostet

Es ist wie überall im Revier: Industriebrachen zieren die Landschaft, sind ein Stück Vergangenheit und Zukunft zugleich. Wohin mit den Abraumhalden, Schächten und Industrieanlagen? Man geht nach dem

Prinzip „Nur keine Panik, die Natur regelt alles" vor. Wer das ehemalige Gelände der Kokerei Hansa am Dortmunder Hafen betritt, kann
sehen, was dabei herauskommt: Urwald im Revier. Mit Riesenschrit-
ten hat Mutter Erde nach dem Rückzug des Menschen alles in Besitz
genommen. Große leere Gebäude, riesige verrostete Maschinen und
kleine Züge sind überwuchert von merkwürdigen Pflanzen aus Ost-
und Südeuropa, die hierzulande sonst nicht vorkommen. Auf dem
Gelände können nur Pflanzen gedeihen, die auf dem kargen Boden
genug zum Leben finden, wie der nach Hustensaft riechende „Klebri-
ge Alant". Aber auch Tiere haben dort ihre Arche Noah gefunden. Der
Gartenrotschwanz zwitschert und der Fasan siedelt neben einer rosti-
gen Lok. Pflanzen und Tiere, deren angestammter Lebensraum einst
zerstört wurde, finden hier eine neue Heimat.

Adresse: Kokerei Hansa, Emscherallee 11, Dortmund-Hafen
             Tel. 02 31-93 11 22-0

Malerisches Werne zwischen Sole, Kühen und Kumpel

Eine Zeitreise durch die historische Hansestadt Werne,
an der Nahtstelle zwischen Ruhrgebiet und Münsterland
liegend, bietet Spaß für Jung und Alt. Alte Gassen und
Kirchen, restaurierte Fachwerkhäuser, ein altes Steinhaus
von 1400, ein Kapuzinerkloster mit Pesthäuschen, Reste
der einstigen Stadtmauer zeigen das Motto der Stadt –
Vergangenes für die Zukunft erhalten. In diesem urbanen
Kleinod findet aber auch heutiges, städtisches Leben statt.
Einkaufen, Bummeln, einen Kaffee trinken, alles ist im
historischen Fachwerk-Ambiente möglich. Etwas ganz
Besonderes ist das Gradierwerk im Stadtpark. Hier ist ein
Spaziergang höchst gesundheitsfördernd, denn eine
7,15 Meter hohe Rieselwand aus Schwarzdorn leitet
„Sole", kochsalzhaltiges Wasser aus dem Untertagebau.
Durch den Aufprall des Wassers auf die Dornen entsteht
eine Solenebel. Im Stadtpark riecht es wunderbar nach
Meer, Sonne und Strand. Mitten drin liegt das Natur-Sole-
Bad: Eine moderne Freizeitanlage mit Ganzjahresbetrieb;
selbst im Winter beträgt die Außentemperatur in den
beiden Solebecken ca. 30 Grad. ●

Adresse: Verkehrsverein Werne, Markt 19
             Tel. 0 23 89-53 40 80

Was will man am Meer, wenn man im Pott wohnt!

Auf den Wasseradern des Reviers, auch „Kumpel-Riviera" genannt, wird viel geboten. Der Dortmund-Ems-Kanal lädt trotz Jachthäfen und Ankerplätzen zum Baden ein. Vom Harkortsee bis zum Kemnader Stausee kann man die Segel hissen. Passagierschiffe verkehren überall, wo es im Revier tiefe Gewässer gibt. Und es gibt immer etwas zu sehen: Bizarre Industriekultur im Wechsel mit idyllischen Landschaften. Überall gibt es Tret- oder Ruderboote zu mieten. Oder wie wäre es mit einer Kanu-Abenteuerfahrt auf Ruhr oder Lippe? Dass die Pöttler nicht wasserscheu sind, zeigen die vielen großen und kleinen Freizeitspaßbäder im Revier. Wakebording, Wasserski, Surfen, alles ist möglich – Wasser, Wind und Wellen gibt es auch im Pott. Die Herbststürme am Baldeney-See (Essen) oder Kemnader Stausee (Bochum) locken jedes Jahr Trendsportler an.

Schiffshebewerk Henrichenburg

Ruhrtal

Sonnige Tage mit Dampfer und Museumsbahn

Ein schöner weißer Ausflugsdampfer, die „Freiherr vom Stein". Mit ihm beginnt an der Mündung der Lenne in die Ruhr die Flussfahrt in sechs Etappen. Von unten sieht man die mit raubritterischer Vergangenheit behaftete Ruine „Hohensyburg", im Hintergrund das Spielcasino. Am „Schiffswinkel" in Herdecke endet die Fahrt über den Hengsteysee. Nach 15 Minuten Fußweg, ein kleiner Bummel durch die malerische Altstadt von Herdecke inbegriffen, geht es am Bleichstein, neben der Straßenbahnbrücke über die Ruhr, mit dem nächsten Linienschiff auf dem Harkortsee weiter. Hoch über dem Wasser liegt die Ruine Burg Wetter, gegenüber auf der anderen Ruhrseite ist Burg Vollmarstein, die „sagenhafteste" Burg des Ruhrgebiets, zu sehen. Mindestens 36 Geschichten ranken sich um die Edlen von Vollmarstein. Auf dem Wasser geht die Fahrt in Witten-Bommern (unterhalb des Bahnhofs/Uferstraße) weiter, kurz vor dem Kemnader Stausee. Die attraktivste Art dorthin zu gelangen, ist die Fahrt mit der Museumsbahn. Dieser historische Bummelzug fährt im Sommer zwischen Hattingen und Wengern-Ost. Mit dem Dampfer vorbei an der Wiege des Bergbaus im Muttental bis Heveney. Hier umsteigen auf die „MS Kemnade" Richtung Mülheim. Kurz vor der Herbeder Schleuse, unterhalb der Ruine Hardenstein, wird angelegt. In Reichweite des letzten Anlegers auf dem Kemnader Seee liegt Haus Kemnade. Zwischen Kemnade und Baldeney-See liegen rund 30 Landkilometer und Hattingen mit der Burg Blankenstein: Eine Strecke, die sich mit öffentlichen Verkehrsmitteln oder mit dem Fahrrad auf dem Leinpfad entlang der Ruhr bewältigen lässt. Zu Wasser geht's in Essen-Kupferdreh weiter auf dem Baldeney-See, an der Abtei Werden vorbei Ruhr abwärts bis Mülheim Wasserbahnhof. Endstation.

Auskünfte zur Weißen Flotte und Museumsbahn

- Von Westhofen nach Herdecke: Personenschiffahrt Dornbach, Tel. 0 23 30–7 29 81
- Von Herdecke nach Wetter: Personenschiffahrt Klein, Tel. 0 23 30–41 75
- Von Bommern nach Heveney: Stadtwerke Witten, Tel. 0 23 02–9 17 30
- Kemnader See: Personenschiffahrt Klein, Tel. 0 23 30–41 75
- Baldeney-See: Essener Verkehrsvertriebe, Tel. 02 01–8 26–18 49
- Von Kettwig nach Mülheim: Betriebe der Stadt Mülheim, Tel. 02 08–45 10 (Kundenservice verlangen)
- Historische Eisenbahn: Bochum-Dahlhausen, Tel. 02 34–49 25 16

Baldeney-See in Essen

Duisburg – Hafenromantik pur, grün-blaue Masurenidylle

Schimanski-Tatort: Duisburg. Den tollen Fernsehkommissar kennt jeder. Aber wer kennt sein Zuhause, den Binnenhafen? Dort, wo die Ruhr in den Rhein mündet, auf einem Areal von 325 Quadratkilometern ist der größte Binnenhafen der Welt. 19 Hafenbecken, 42 Kilometer Uferlänge, über 80 Krananlagen gehören zum Duisburger Tatort. Bei einer Hafenrundfahrt kann man jede Menge „big business" erleben: rechts und links Tanklager, Getreidespeicher, Werften. Die Fahrt führt übrigens unter einigen von Duisburgs 574 Brücken hindurch (Venedig hat nur 490!).

Im Südwesten der Stadt liegt die Sechs-Seen-Platte. Masuren-, Wolfs-, Böllert-, Wambach- und Wildförstersee sind die südlichen, 158 Hektar großen Kiesseen. Ein paar hundert Meter weiter im Norden, im Ortsteil Wedau, liegt der Bertasee mit der bekannten Regattabahn für Kanuten und Ruderer. Der Masurensee ist das Revier von Seglern und Surfern. An allen Ufern sind reichlich Spazierwege erschlossen. Zu verdanken haben die Duisburger all das dem alten Krupp, der die Kiesseen der Stadt für einen symbolischen Preis von 100 Mark pro Jahr zur Pacht anbot. Allerdings mit der Auflage, hier Stadion, Strandbad und andere Anlagen für die Erholung der Einwohner zu schaffen.

● Duisburg Information: Tel. 0203-28 54 40, Hafenrundfahrt: Tel. 02 03-6 04 44 45

Emscher Landschaftspark

Wie spannend Renaturierung sein kann, zeigt eine Multimediaausstellung zum
Emscher Landschaftspark in Haus Ripshorst. Luftaufnahmen von früher und
heute zeigen die Entwicklung der Emscher vom Abwasserkanal zu einem sauberen
Fluss. Ein Multimediabildschirm und Computeranimation machen es möglich. ●
Adresse: Ripshorster Straße 306, Oberhausen, Tel. 02 08-8 83 34 83

8. Shopping im Konsum–Tempel oder in kleinen, feinen Läden

Berichte aus der Wirklichkeit sind die täglichen Schlachten an der Theke oder an der Kasse des nächsten Supermarktes – absolut ungeeignet für Shopping-Junkies. Der tägliche Einkauf ist nichts für die kleinen Fluchten aus dem Alltagstrott.

CentrO Oberhausen

Denn Tante-Emma-Läden, wo man noch so richtig plaudern und tratschen konnte, gibt's auch im Pott nicht mehr. Dafür riesige Konsumtempel, die mit dem Auto erreichbar sind. Und wer nach einer anstrengenden Shopping-Schicht ein Päuschen einlegen will, findet hier sicher einen passenden Platz.

Mega-Konsum-Tempel

Kreditkarten werden akzeptiert

CentroO Oberhausen: Wirtschaftswunder à la Pott

Auf dem Gelände des ehemaligen Thyssen Hütten- und Walzwerkes wurde 1996 auf einer Fläche von 100 Hektar ein Einkaufs- und Freizeitparadies eröffnet. Rund 1,6 Milliarden Mark steckten britische Investoren in das neuartige Zentrum. Die zweigeschossige Einkaufsmeile mit 200 Geschäften hat auch eine Promenade mit Cafés, Discos, Kneipen, Restaurants, Multiplex-Kino und für die Kids eine Riesenrutsche, Traktorbahn und ein Piratenschiff. Im THEATRO CENTRO spielt seit 1999 Peter Maffays Rockmärchen „Tabaluga & Lilli". Direkt an das CentrO angeschlossen ist die Arena Oberhausen mit 12.500 Plätzen. In nächster Nachbarschaft bauen deutsche und amerikanische Unternehmen am Rhein-Herne-Kanal ein großes Seewasser-Aquarium, einen Sportboothafen, Wohnungen, Hotels und weitere Geschäfte.

Adresse: CentrO-Allee, Oberhausen, www.centro.de

Öffnungszeiten: Normale Öffnungszeiten der Geschäfte.

Die Promenade hat bis Mitternacht geöffnet

Ruhrpark Einkaufszentrum

Weit über 100 Geschäfte, UCI-Kinowelt, Restaurants.

Adresse: Am Einkaufszentrum

Bochum-Harpen

www.bochum.de/ruhrpark/

Rhein Ruhr Zentrum

140 Fachgeschäfte, Mega-Kino, Brauhaus, Kneipen und Livemusik im „Festival Garden". Am ersten Sonntag im Monat findet ein Familientrödelmarkt statt.

Adresse: Humboldtring 13

Mülheim an der Ruhr

Kleine, feine Läden

Geld allein macht nicht glücklich und der normale Mensch muss es wieder ausgeben. Und da gibt es im Pott viele Möglichkeiten. In jeder Ruhrgebiets-Stadt findet man kleine, feine Läden, meist versteckt in Seitenstraßen und abseits der großen Einkaufsmeilen.

TrashMarkt

Trendshop direkt gegenüber dem Dortmunder Hauptbahnhof. Ob Kleidung der Marke Haberdasher oder Klamotten für Skateboarder: hier findet sich immer etwas.

Adresse: Freistuhl/Platz von Amiens, Dortmund-Zentrum

Polyester 65/35

Stilmix verschiedener Jahrzehnte. Pop, Möbel und Klamotten.

Adresse: Rellinghauser Straße 121, Essen-Südviertel

Mode aus zweiter Hand

Die sinnvollste Art, viel unnützes Zeug wieder loszuwerden, ist der Trödelmarkt. In den 70er Jahren entwickelte sich diese Gegenkultur zum Einkaufsrausch. Bei einem Pläuschen kann hier in Ruhe gestöbert, gewühlt, gekauft, verkauft und gefeilscht werden. Besonderen Spaß machen die Second-Hand-Läden. Zweimal jährlich findet in wechselnden Hallen in der Region ein Markt mit Mode aus zweiter Hand und allen Epochen statt. ●

Adresse: Second-Hand & Avantgarde-Modemarkt, Essen, Tel. 02 01-77 82 77

Friedlich

In der Maschinenhalle „Friedlicher Nachbar" finden viele Veranstaltungen zu Kunst, Design und Handwerk statt. Ein weit über das Ruhrgebiet hinaus bekannter Ort, an dem Verkaufsmessen stattfinden, und ein Treffpunkt für Designer, Künstler und Besucher. Matthias Reckert und Guido Röcken organisieren die Veranstaltungen. ●

Adresse: Deimketal 9, Bochum-Linden, Tel. 02 34-49 25 75

Flohmärkte

Das weithin sichtbare Dortmunder „U" prangt auf dem Dach des Hauptturms der ehemaligen Unionbrauerei. Das mehrteilige Brauereigebäude steht auf 40 Pfeilern. Unter dem Gebäude befinden sich die gewölbten Lager und Gärkeller aus dem 19. Jahrhundert. In den Hallen des nicht mehr genutzten Gebäudes finden jetzt regelmäßig Flohmärkte statt. ●

Adresse: Rheinische Straße/Brinkhoffstraße, Dortmund-Innenstadt

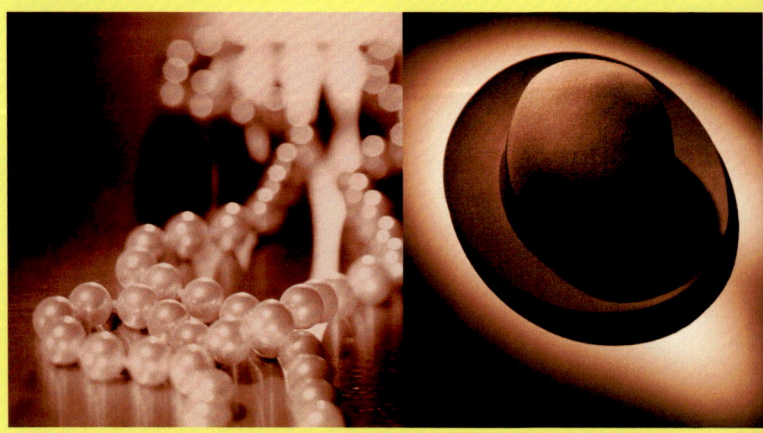

Perlen-Mille Fiori

Alte Perlen in neuer Schönheit. Unikate aus Edelsteinen, Silber und anderen Naturmaterialien – keiner schnellen Mode unterworfen. Astrid Jäger verarbeitet in ihrer Werkstatt außergewöhnliche Perlen aus aller Welt. Dazu arbeitet sie über offener Flamme in alter Technik an Glasperlen – in frühen Hochkulturen der Schmuck der Könige.

Adresse: Schulte-Heuthaus-Straße 11, Dortmund, Tel. 02 31–61 69 48

Hutsalon

„Ein Hut ist ein Gruß an den Himmel" meint Bärbel Wolfes-Matuka aus Witten. In ihrem Hutgeschäft fertigt die Modistenmeisterin alles an, was der Kopf begehrt – von schrill bis klassisch. Nebenbei arbeitet sie am Kopfschmuck für die Bayreuther Festspiele und für Theater und Oper in Düsseldorf, Essen und Mülheim mit.

Adresse: Hammerstraße 5, Witten-Innenstadt, Tel. 0 23 02–5 36 83

Schönes aus Papier

Bibliophile werden in dem alten Gewölbekeller ihre helle Freude haben. Hier gibt es Ungewöhnliches zu kaufen: Grußkarten aus handgeschöpftem Büttenpapier ebenso wie ausgefallenes Schreib- und Feinpapier aus der Biedermeierzeit. Und besonders fein und edel hergestellte Bücher gibt es natürlich auch sowie Lithografien, Radierungen, Holzschnitte und kleine Ausstellungen für die Künstler oder Buchillustratoren. Das ungewöhnliche Ladenkonzept stammt von Mechthild Werry, die direkt bei ausgesuchten Lieferanten in Frankreich, Italien oder Israel bestellt. In ihrer Edition Werry erscheinen auch aufwendig gearbeitete Bildbände.

Adresse: Düsseldorfer Straße 12, Mülheim-Saarn, Tel. 02 08–48 05 98

Wandel des Stahls im Revier

Wer ganz ausgefallen shoppen möchte, sollte nach Bönen-Nordböge fahren. Hier findet noch Stahlproduktion im kleinen statt – Stahlmode. Dessous für die Damen und Slips für den Herrn. Korsagen aus einem Millimeter dickem Stahl, am besten auf dem Abendkleid zu tragen, aber auch auf nackter Haut. Besonders schwer zu tragen sind die Modelle nicht, jedes Teil wiegt nicht einmal ein Kilo. 14 Modelle umfasst die Kollektion des ehemaligen Schlossers und Drehers Mario Latowski, ganz nach Gefühl geformt.

Adresse: Am Haferkamp 10
Bönen-Nordbögge (Krs. Unna)
Tel. 0 23 83–5 74 26

World's finest Comics

Hier, im Laden von Iris Laküh und ihrer Schwester Conny, kommen Comic-Freaks voll auf ihre Kosten. In den hellen und freundlichen Räumen herrscht eine wunderbare Atmosphäre. Gut sortierte Hefte, ein Riesenangebot an Merchandising-Artikeln zu allen Comic-Stars von Star-Trek bis Micky Mouse.

Adresse: Kreuzeskirchstraße 29 (am Webermarkt), Essen-Innenstadt
Tel. 02 01–22 31 61

Country- und Westernklamotten

Ein Laden für Liebhaber des „Country road...". Hier gibt's Westernklamotten in allen Ausführungen. Dazu kommen CDs und MCs, Messer, Feuerzeuge, Indianerschmuck und all das, was zu einem deutschen Cowboy gehört. Der Laden ist Zentrum der Country-Szene. Hier können auch die verschiedenen deutschen Country-Stars für diverse Feste und Veranstaltungen gebucht werden.

Adresse: Sankt Urbanus Kirchplatz 9, Gelsenkirchen, Tel. 02 09–39 59 87

9. Sport im Revier – Unbegrenzte Möglichkeiten

Fußball, Inline-Skaten, Freeclimbing, Kartfahren, Radfahren, all das bietet das Revier. Das Netz von 250 Kilometern Wasserwegen, die zahlreichen Seen und die Freizeit- und Erlebnisbäder machen nicht nur Spaß, sondern auch das größte Sportangebot aus. Wakeboarding, Wasserski, Surfen – alles ist drin. Auch Petrijünger kommen auf ihre Kosten: Hechte, Aale und Zander tummeln sich in den Gewässern, die gute Wasserqualität macht es möglich. Und Angelscheine kann man in fast allen Revierstädten erwerben.

Wasserski-Wakeboarding

Adresse: Sportpark Wedau, Berta-Allee 10, Duisburg-Wedau

                  Tel. 02 03–72 64 67

                  10-Freunde-Karten, Zeitkarten, Schulklassen, Ferienkurse

Eintrittspreise: Schüler bis 15 Jahre DM 16,-/Std., 2 Std. DM 22,-

                  Gruppen ab 21 Personen DM 360,-

Surfen

● **Wambachsee**

  Adresse: Bootsverleih Rössmann, Kalkstraße, Duisburg-Wedau, Tel. 02 03–7 27 58 15

● **Kemnader Stausee**

  Adresse: Bootsverleih Oveney, Oveneystraße 69, Bochum, Tel. 0 23 02–2 01 20

● **Surfen bei Hattingen**

  Adresse: Surfschule „Riverside", Ruhrstraße 6, Hattingen-Winz, Tel. 0 23 24–8 00 38

Begehbare Schiffe

Wer etwas über den Alltag der Hafenarbeiter, Schiffsführer und Heizer
wissen und sehen möchte, sollte das Duisburger Binnenschifffahrt-Museum
besuchen. In der Nähe des Museums liegen drei begehbare Schiffe aus der
Zeit um 1900 vor Anker. ●

Adresse: Museum der Deutschen Binnenschifffahrt, Apostelstraße 84

                  Duisburg-Ruhrort, Tel. 02 03–9 80 88 90

Öffnungszeiten: Di–So 10–17 Uhr (Museumsschiffe nur im Sommer)

Eintrittspreise: Erwachsene DM 5,-, Kinder DM 3,-

Museum der Deutschen Binnenschifffahrt

Kanufahrten

● Kanuschule „Ruhr-Piraten"
  Adresse: Thiesbürgerstraße 25, Essen-Frohnhausen
  Tel. 02 01–76 14 08
● Bootswerft Hesse
  Adresse: Hafenstraße 15, Mülheim-Stadtmitte
  Tel. 02 08–38 24 13

Segeln

Adresse: Datteln-Hamm-Kanal, Jachtschule
Rünthe, Rünther Heide 9
Bergkamen-Rünthe
Tel. 0 23 89–53 21 55

Nur für harte Typen

Ein richtiges Abenteuer bietet eine Fahrt auf der
„Ansgart". Auf diesem Wikingerschiff wird selbst
gerudert. Wem das zu anstrengend ist, kann es mit
einer Kanutour versuchen. Beides wird angeboten
von der Ruhrgebiets-Touristik. ●
Adresse: Königswall 21, Dortmund
Tel. 02 31–1 81 61 88

Für jeden etwas

Etwas ganz Ausgefallenes ist eine Fahrt mit einem
Binnenmotorschiff über die Wasserstraßen des
Reviers. Entlang der Route der Industriekultur und des
westlichen Münsterlandes: Wasserschlösser, Hochöfen
und viel Natur – für jeden ist etwas dabei. ●
Adresse: SCI, Flugplatz 7-9, Dortmund
Tel. 02 31–9 21 00 10

Erlebnisbäder und Revierparks

Drei „W's" sind es, die einen Revierpark ausmachen: Wald, Wiese und Wasser. Anfang der 70er Jahre entstanden im Pott die ersten kombinierten Freizeitanlagen. Spaßbad samt Natur, gepaart mit Sportanlagen und kulturellem Ambiente. „Goethe mit Pommes und Ping-Pong" aus dem Ruhrgebiet wurde bundesweit zum Modell geplanter Freizeitanlagen.

Revierpark Vonderort – Solebad/Freibad

Adresse: Bottroperstraße 322, Oberhausen-Osterfeld, Tel. 02 08-99 96 80

Öffnungszeiten: Mo-Sa 8-23 Uhr, So 8-21 Uhr

Eintrittspreise: 2 Std. DM 10,-, 4 Std. DM 12,-, Tageskarte DM 14,-,

                  Kinder unter 6 Jahre DM 6,-

Revierpark Mattlerbusch – Niederrheintherme

Adresse: Wiehoferstraße 42, Duisburg, Tel. 02 03-99 58 40

Öffnungszeiten: Täglich 8.30-23 Uhr

Eintrittspreise: Niederrheintherme 2 Std. DM 18,-, 4 Std. DM 24,-,

                  Tageskarte DM 30,-, Wellenbad 4 Std. DM 10,- Erwachsene,

                  DM 6,- Jugendliche

Revierpark Gysenberg – Lago-Solebad

Adresse: Am Revierpark 40, Herne, Tel. 0 23 23-96 90

Öffnungszeiten: Mo-Fr 8-23 Uhr, Sa 8-24 Uhr – ab 21 Uhr textilfreies Baden,

                  So 8-22 Uhr

Eintrittspreise: 2 Std. Erwachsene DM 17,50/Kinder von 4-15 Jahren DM 12,50,

                  4 Std. Erwachsene DM 20,50/Kinder von 4-15 Jahren 14,50,

                  Tageskarte Erwachsene DM 23,50/Kinder von 4-15 Jahren DM 17,50

Freizeitbad Nienhausen (Aktivarium)

Adresse: Feldmarkstraße 201, Gelsenkirchen (Nähe Innenstadt)

Tel. 02 09-9 41 31-0

Öffnungszeiten: Täglich 9-22 Uhr, FKK Sa. 19-22 Uhr

Eintrittspreise: 2 Std. DM 16,-, 4 Std. DM 20,-, Tageskarte DM 23,-.

Jugendliche bis 10 Jahre DM 5,50, 11-15 Jahre DM 12,50 allerdings nur

mit Begleitung

Freizeitzentrum Oase

Adresse: Nöggerstraße 4, Essen-Frohnhausen, Tel. 02 01-76 68 68

Öffnungszeiten: Di-Sa 7-22.30 Uhr

Eintrittspreise: 2 1/2 Std. Erwachsene DM 9.50/Kinder DM 7,50

Tageskarte Erwachsene DM 11,50/Kinder DM 9.50

Revierpark Wischlingen – Solebad

Adresse: Höfkerstraße 12, Dortmund-Dorstfeld, Tel. 02 31-9 17 07 10

Öffnungszeiten: So-Do 8-22 Uhr, Fr/Sa 8-24 Uhr, Sa ab 20 Uhr FKK

Eintrittspreise: 1 1/2 Std. Erwachsene DM 13,-/Jugendliche DM 10,-, 2 1/2 Std.

Erwachsene DM 18,-/Jugendliche DM 13,50. Tageskarten Erwachsene

DM 23,-/Jugendliche DM 17,-. Kinder: bis 4 Jahre frei, bis 10 Jahre für

alle Aufenthaltsdauern DM 5,-

Nicht nur Wassersport, sondern mehr

Revierschlager ist König Fußball: „Schalke 04", „Borussia Dortmund", „VFL Bochum" und „MSV Duisburg": das heißt höchster Pro-
fi-Fußball und rappelvolle Stadien. Fußball gehört wie das Bier zum
Leben der Pott-Bewohner und wurde und wird mit Begeisterung in
vielen kleinen Vereinen als idealer Ausgleichssport gespielt. Dass

Sport nicht unbedingt Mord sein muss, beweisen auch die vielen „Muckie-Buden". Und Fahrradwege haben ebenso inzwischen Einzug ins Revier gehalten wie auch Skate- und Inlinesports, vorzugsweise an den Ruhrstauseen. Wer es extrem will, kann sich mit dem Mountainbike von Halden stürzen, oder Freeclimbing an der Hohensyburg oder im Kletterpütt Zeche versuchen. Selbst Skifahren ist im Pott jetzt möglich.

Skaten:

T-Nuts Funsport
Kurse und Verleih von Inline-Skates.

Adresse: Bootshalle Gibraltar am Kemnader Stausee, Bochum-Stiepel
Tel. 02 34-9 16 06 20

Öffnungszeiten. Mo-Fr 12-19Uhr, Sa 10-16 Uhr, So geschlossen

Skate Factory
Unter Profis gilt die Halfpipe der Skate Factory als die schnellste
Europas. Hier werden auch internationale Wettkämpfe vorbereitet.

Adresse: Max-Keith-Straße 25, Essen-Bergerhausen, Tel. 0 21 05-57 19 72
www.skate-factory.de

Öffnungszeiten. Di-Do 14-21 Uhr, Fr 14-22 Uhr, Sa/So 10-21 Uhr

Trendsportpark „Open-Airea"
Outdooranlage für Inline-Skater, Möglichkeiten für Streetsoccer,
Climbing, Beachvolleyball, Streetball sowie Inlinehockey.

Adresse: Am Kaisergarten 28, Oberhausen, Nähe Schloss Oberhausen
Tel. 02 08-80 77 56

Öffnungszeiten: Im Sommer täglich 10-22 Uhr.
Im Winter empfiehlt es sich, vorher anzurufen.

Eintrittspreise: Eintritt frei

Klettern:

KletterMAX

Indoor-Outdoor-Kletterzentrum mit 700 qm Kletterfläche und 6 bis 21 Meter Wandhöhe. Klettersteig mit Hängebrücke und Hochseilgarten.

Adresse: Hermannstraße 75, Dortmund-Hörde, Tel. 02 31-4 27 02 57

Öffnungszeiten: Mo–Fr 10–23 Uhr, Sa/So 10–21 Uhr

Eintrittspreise: Unterschiedlich je nach Können, Tageskarte DM 22,–

Klettergarten im Haldenpark

4.000 qm Kletterfläche unter anderem in den Müllerbunkern des ehemaligen Hochofenwerkes Duisburg-Meiderich.

Adresse: Emscherstraße 71, Duisburg-Meiderich, Tel. 02 03–42 81 20

Öffnungszeiten: Di–Do 18–20 Uhr

Eintrittspreise: Unterschiedlich je nach Können, DM 8,– pro Tag

KletterPütt Zeche Helene

Sport – und Gesundheitszentrum. Kletterausrüstung kann vor Ort geliehen werden.

Adresse: Twentmannstraße 125, Essen (zwischen Altenessen u. E.-Stoppenberg)

Tel. 02 01–38 15 62

Öffnungszeiten: Täglich 9–23 Uhr

Eintrittspreise: 9–13 Uhr Erwachsene DM 13,–/Kinder bis 14 Jahre DM 7,–

16 Uhr bis Ende Erwachsene DM 16,–/Kinder DM 10,–

Ski–Fahren:

Alpincenter Bottrop (s. Tetraeder Bottrop S. 12)

Entspannung ist angesagt

Wer nach dem Einkaufen Sport treiben will, ist im CentroO willkommen. Die Fitness-Oase Healthland bietet Neuartiges in Sachen Wohlbefinden. Ein Sender am Körper achtet auf Überbelastung. Wird die Luft knapp, zeigt die Ampel Rot. Dann geht's ab ins Café oder in den Swimmingpool. Dampfbad und Sauna sorgen für abschließende Entspannung. Achtung: Nur Club-Mitgliedschaften! ●

Adresse: Healthland, CentroO-Allee 262, Oberhausen, Tel. 02 08–6 20 20 00

Öffnungszeiten: Mo–Fr 6.30–23 Uhr, Sa/So 10–22 Uhr

Eintrittspreise: 6 Monate DM 159,–, 12 Monate DM 139,–

Biking:
Kopfüber von der Halde. Mountainbiking auf ehemaligen Berghalden. Das gibt's nur im Revier. Mottbruchhalde in Gladbeck. Anmeldung auf Anfrage.

Adresse: Fun-Sport-Team, Hochstraße 120
                    Gladbeck, Tel. 0 20 43-48 84 91

Beach-Sport:
Beachsport unter einem Dach mit ganz viel Sand und Palmen. Vom Beach-Volleyball bis Beach-Soccer ist alles möglich.

Adresse: Indoor Beachsport-Center
                    Luhnsmühle 1, Witten-Heven
                    Tel. 0 23 02-58 04 00
Öffnungszeiten: Mo-Fr 9-24 Uhr,
                    Sa/So 9-23 Uhr
Eintrittspreise: Auf Anfrage

Wer es mit motorisierten Seifenkisten versuchen will, sollte Kartbahnen besuchen.

Highway Kart Racing

Adresse: Baroper Bahnhofstraße 9, Dortmund-Barop, Tel. 02 31-75 11 55
Öffnungszeiten: Täglich 10-23 Uhr
Eintrittspreise: 8 Minuten-Takt DM 15,-

Moto-Drom-Essen

Adresse: Hafenstraße 280, Essen-Vogelheim, Tel. 02 01-22 87 18
Öffnungszeiten: Täglich 16-22.30 Uhr
Eintrittspreise: 10 Minuten-Takt DM 18,-

MS Kartcenter

Adresse: Werkstraße 3-5, Hattingen-Gerwerbegebiet, Tel. 0 23 24-5 55 08
Öffnungszeiten: Mo-Fr 15-23 Uhr, Sa/So 11-23 Uhr
Eintrittspreise: 10 Minuten-Takt DM 16,-

10. Was noch wissenswert ist

Dieses Buch zieht seine Grenzen nicht nach verwaltungsmäßigen oder politischen Richtlinien für das Revier, sondern nach historisch gewachsenen Verbindungen und Verflechtungen.

5,4 Millionen Menschen leben hier, davon über 600.000 ausländische Mitbürger. Die Grenzen des 1920 gegründeten Kommunalverbandes Ruhrgebiet umfassen vier Kreise (Ennepe-Ruhr, Recklinghau-

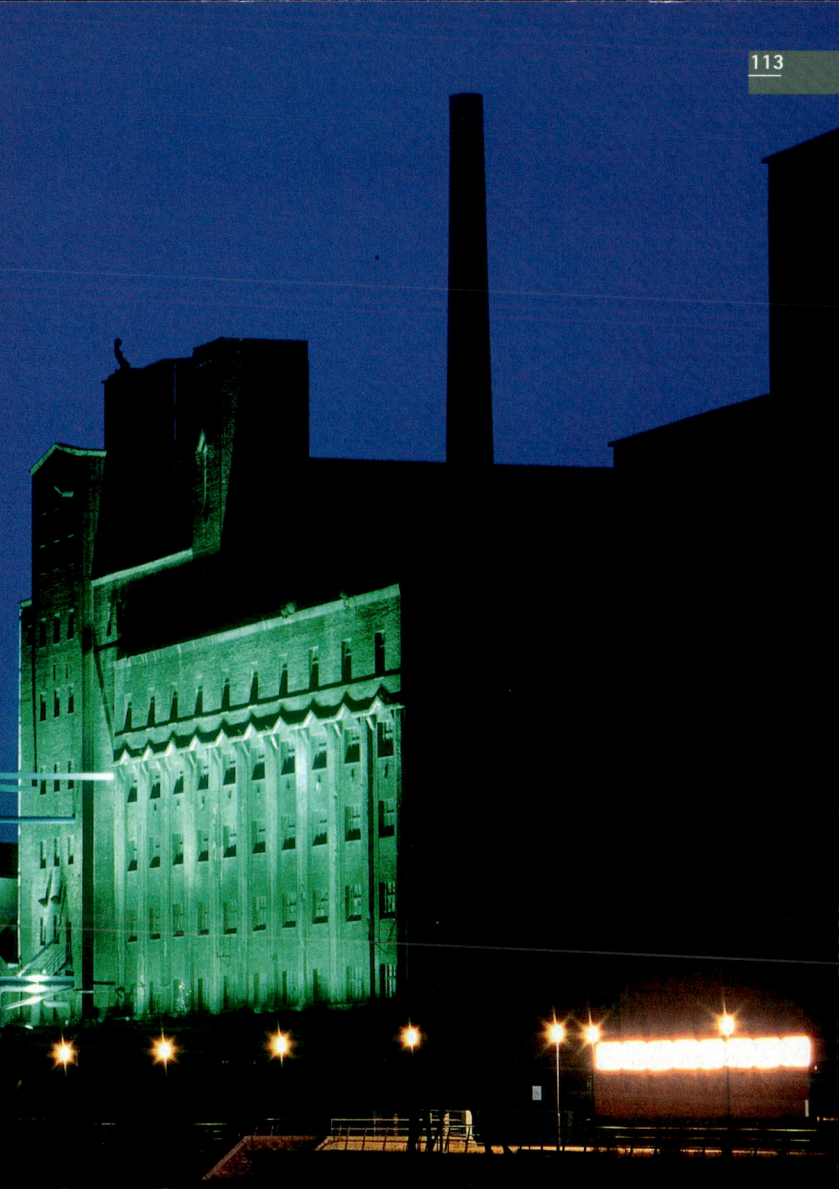

Duisburger Hafen

sen, Unna, Wesel) und 11 kreisfreie Städte mit einer Fläche von 4.434 Quadratkilometer. Davon sind 17,5% Waldfläche, 22,1% Gebäude- und Freifläche, 9,5% Verkehrsfläche, 41,8% landwirtschaftlich ge- nutzte Fläche und der Rest von 9,1% unterliegt sonstiger Nutzung.

Und was keiner vermutet: Das Ruhrgebiet besitzt die dichteste Hochschullandschaft Deutschlands.

Stadtinformationen

Geschichte und Kultur versammeln sich in Bottrop. Die riesigen Skelette von Wollnashorn oder Mammut in der „Eiszeithalle" sind keine Importartikel, sondern die Tiere waren in der Emscherniederung zu Hause. Jurassic-Park im Revier. Anhand von 7.000 Funden, die bei Baggerarbeiten gemacht wurden, konnten Wissenschaftler zahlreiche unterschiedliche Tierarten nachweisen: Vom Mammut über Wisente bis zum Auerochsen und Bären. Museumszentrum Quadrat, Im Stadtgarten 20, Bottrop-Zentrum (Nähe Rathaus), Tel. 0 20 41- 2 97 16. Öffnungszeiten: Di-So 10-18 Uhr

1946 gründete Professor Kaminski die Sternwarte Bochum. Aus dieser Volkssternwarte entwickelt sich das Institut für Umwelt- und Zukunftsforschung. Das Institut besitzt mehrere Antennenanlagen, mit denen Daten von Satelliten empfangen werden können. Hier hat der Besucher die Möglichkeit, die Erde live aus dem Weltraum zu sehen. (Blankensteinerstraße 200a, Bochum-Sundern, Tel. 02 34-4 77 11. Samstags und sonntags finden ab 15 Uhr öffentliche Veranstaltungen statt).

Bochums Volkssterne finden sich nicht im Bermuda3eck, sondern im Brückviertel rund um die Propsteikirche. Hier lebt ein buntes Völkergemisch aller Alters- und Gehaltsstufen Tür an Tür. Schon morgens um sieben gibt es nicht nur frische Brötchen, sondern auch knackfrisches Gemüse zu kaufen. Unzählige Läden und Kneipen sind im Viertel zu finden. Jeden Freitag gibt es einen kleinen Öko-Markt vor Café Spitz an der Beckstraße. Und sage und schreibe einen Friseur, der einen Herrenschnitt noch für 15 Mark anbietet, findet sich auch im Multi-Kulti-Viertel. Und wer Lust auf Helge Schneider hat, kann's mal im Café Madrid (Nordring 51) versuchen, wo er ab und an sitzt.

Ein Schild fehlt in Castrop-Rauxel: Stadtmitte. Es könnte auch heißen: Castrop-Rauxel-Henrichenburg-Ickern-Habinghorst-Bladenhorst-Pöppinghausen-Behringhausen-Bövinghausen-Frohlinde-Schwerin-Dingen-Merklinde-Deininghausen. Alle diese ehemaligen Gemeinden haben die Stadt geschaffen. Exakt im geographischen Mittelpunkt wurde das „Forum Castrop-Rauxel" gebaut. Von weitem einer Sprungschanze nicht unähnlich, beherbergt es Rathaus, Stadt- und Europahalle.

Dortmund ist mit eine der beliebtesten Städte Deutschlands. Jedes Jahr im Dezember findet dort der größte Weihnachtsmarkt hierzulande statt. Über 300 Stände und ein 46 Meter hoher Tannenbaum sorgen für pure Weihnachtsstimmung.

Beliebte Einkaufsmeile ist der Hellweg innerhalb des Wallrings von Dortmund, und die Drillinge „Westfalenhalle, Westfalenpark und Westfalenstadion" bilden ein großes Veranstaltungszentrum direkt an der B 1. Irgendetwas ist hier immer los, sei es eine Messe, ein Konzert oder ein Fußballspiel.

Wer will, kann auch auf eine Zeitreise gehen. In den Citykirchen Petri-, Reinoldi- und Probstei-St. Marienkirche finden sich Meisterwerke alter Kunst, die ihresgleichen suchen.

Heisse Sache, alles inklusive.

RUHRPOTTCARD

Bottrop · Dortmund · Duisburg · Essen · Gelsenkirchen · Hagen · Hamm · Herne · Mülheim an der Ruhr · Oberhausen · Ennepe-Ruhr-Kreis · Kreis Recklinghausen · Kreis Unna · Kreis Wesel

Ihre Eintrittskarte ins Ruhrgebiet.

**Der Pott kocht –
und Sie sind dabei!**

Zum Nulltarif natürlich. Denn mit der neuen **RUHRPOTTCARD** erleben Sie gratis die beliebtesten Freizeitattraktionen und Erlebnisparks, zahlreiche Museen und die Monumente der Industriekultur. Mit dem attraktiven Buch „Der Pott. Erlebnis Ruhrgebiet" und der **RUHRPOTTCARD** finden Sie überall hin und erfahren alles Wissenswerte über den Pott. **Garantiert!**

»Erlebnis pur

| Für nur | 56 DM | Erwachsene |
| | 29 DM | Kinder |

»Industriekultur plus

| Für nur | 28 DM | Erwachsene |
| | 16 DM | Kinder |

»Revier Club

| Für nur | 116 DM | Erwachsene |
| | 66 DM | Kinder |

Da, wo Duisburg am ältesten ist, wohnt heute moderne Kunst. Im Dreigiebel-Haus, dem ältesten Wohnhaus (1536) der Stadt, arbeiten bei freier Logis drei Lehmbruck-Stipendiaten jeweils für zwei Jahre. Im Erdgeschoss des Hauses befindet sich ein originelles Restaurant (Nonnengasse 8 im Zentrum).

Wer Westernatmosphäre liebt, kann in Rheinhausen die Ranch „Sioux Club Montana" besuchen. Auf 10.000 Quadratmeter Land ist hier die größte nachgebaute Westernstadt der Republik zu sehen. Ausgestattet vom Saloon bis zur Sattlerei und Indianerdorf. 65 Tiere vom Pferd bis zum Hängebauchschwein bevölkern den „Wilden Westen". Jeweils am 1. Mai treffen sich hier Westernfans aus allen europäischen Ländern zur Tauschbörse (An den Bänden, Duisburg-Rheinhausen, Tel. 0 20 65-2 32 61, bitte Termin vereinbaren).

Messe-Energie-Kultur-Stadt ist Essen im Herzen der Ruhrregion. Mit über 600.000 Einwohnern ist sie die sechstgrößte Stadt der Bundesrepublik und über 1000 Jahren Stadtgeschichte, davon 650 Jahre als geistliches Fürstentum. So etwas hinterlässt Spuren: Hohe Domkirche des Bischofs zu Essen mit kostbarem Münsterschatz, Schatzkammer der Basilika St. Ludgerus.

Dreiviertel aller Beschäftigten der Stadt arbeiten im Verwaltungs- und Dienstleistungsbereich oder im Handel.

Der 1929 für die große Ruhrländische Gartenbauausstellung entstandene Grugapark an der Norbertstraße im Vorort Rüttenscheid gilt als einer der schönsten und größten Stadtgärten Deutschlands.

Gelsenkirchen, das ist Schalke, das ist Europas modernstes neues, multifunktionales Fußballstadion. „Arena auf Schalke": ein Parkstadion, 65 Sportplätze, 103 Turnhallen, fünf Hallenbäder, drei Freibäder, ein Revierpark, 177 Tennishallen, 6 Reitsport-, 4 Squash-, 7 Schießsportanlagen und zwei Golfplätze. Selbst die Pferde laufen hier, auf der Trabrennbahn Nienhausen-Busch oder der Galopprennbahn in Gelsenkirchen-Horst. 290.000 Einwohner leben in der Stadt des Sports. Und ganz ohne Sport kommen selbst die „Altertümer" nicht aus. So war Schloss Berge oft Unterkunft für Gastmannschaften bei Spielen auf Schalke.

Hagens vier Flüsse – Volme, Lenne, Ruhr und Ennepe – durchfließen das Stadtgebiet mit 52 Kilometer Länge, und ,nur' 33 Kilometer Autobahn durchqueren die Stadt. Mit 42% Waldfläche stellt Hagen den Waldmeister. Statistisch gesehen leben in Hagen mehr Frauen als Männer. Und die Stadt ist hügelig. 352 Meter Höhenunterschied müssen bewältigt werden.

Hagen ist die Stadt der Fernuniversität, des Märchenwaldes mit Hänsel und Gretel (Piepenbrink 65, Hohenhausen) und der Wippermann Passage im Stadtteil Eilpe. Hier liegt in einer sanierten Kettenfabrik das Kultur- und Museumszentrum (Eiplerstraße 71-75).

Naturschutzgebiet „Beversee"

Wäldertouren

Auch wer es nicht glaubt, im Revier gibt es große Waldflächen. Zum Beispiel der im KVR-Besitz befindliche 100 Hektar große „Geithewald" im östlichen Stadtgebiet von Hamm. Ein Laubmischwald mit Eichen, Birken Pappeln, Eschen und Fichten. Ein Netz von Entwässerungsgräben durchzieht rasterartig das Waldgebiet. Die wenigen Tümpel sind meist ehemalige Bombentrichter. Doch Vorsicht ist bei allen Revierwäldern geboten. Finden sich Schilder mit der Aufschrift „Wege nicht betreten – Bergsenkungen", sollte man sich unbedingt daran halten, sonst findet man sich unversehens unter Tage wieder – denn der Pott ist durchlöchert wie ein Schweizer Käse.

Das Naturschutzgebiet „Beversee" liegt nördlich von Bergkamen und umfasst ca. 100 Hektar Fläche. Es ist die Restfläche einer geschrumpften und zerteilten, ehemals aber großen zusammenhängenden Wald- und Heidelandschaft zwischen den Städten Lünen, Kamen und Hamm. Der 3,50 m tiefe Beversee selbst ist ‚hausgemacht': Er ist in den 40er Jahren durch Bergsenkungen und Stauung des Beverbaches vor dem Datteln-Hamm-Kanal entstanden. ●

Und in Hagen ist auch das Freilichtmuseum Technischer Kulturdenkmäler. Auf 2,5 Kilometer Länge stehen 48 Gebäude und Objekte, in denen unterschiedliche Werkstätten präsentiert werden. Im Klartext: In der alten Bäckerei wird gebacken, in der historischen Brauerei gibt's Bier, selbstgeschöpftes Büttenpapier und in der Schmiede glüht das Eisen. Ein tagesfüllendes Programm (Mäckingerbach, Hagen-Eilpe, Tel. 0 23 31-7 80 70).

Herdecke, die schöne kleine Stadt mit 26.000 Einwohnern, alten Fachwerkhäusern, viel Grün drumherum, die Ufer der Ruhr in Spaziergangnähe, hat das kleinste Hotel und die kleinste Golfanlage Deutschlands. Wo der Herdecker Bach fließt, im Schatten der alten Kirche und in einem denkmalgeschützten Fachwerkhaus von 1690, ist das Hotel von Ines Berger zu finden, das ein Doppel- und ein Einzelzimmer anbietet (Am Bachplatz 18, Tel. 0 23 30-17 44).
Der kleine Golfplatz mit einer 6-Loch-Anlage liegt im Herdecker Industriegebiet Galenfeld und steht auch Nichtmitgliedern offen (Ackerweg 30a, Tel. 0 23 30-97 35 05).
Im Sommer sind von der Ruhr aus herrliche Kanutouren möglich (Tel. 0 23 04-6 16 99).

Auch Zwangsehen gibt es im Pott. So wie der 1975 vollzogene Akt zwischen Herne und Wanne-Eickel zur Stadt Herne. 177.000 Bewohner sorgen für eine glückliche Ehe. Um an ihren bekannten Bürger Jürgen von Manger mit seiner Kultfigur „Adolf Tegtmeier" zu erinnern, richtet das Kulturamt der Stadt alle zwei Jahre in den Flottmann-Hallen einen Wettbewerb für Künstler aus. Motto: Tegtmeiers Erben. Dotiert ist der Preis mit DM 15.000.-.

Lünen mit der Seseke, eine Variation der Emscher, Zechenhäuser und einem Schloss, dem Heinz-Hilpert-Theater an der Kurt-Schumacher-Straße 39, hat rund 93.000 Einwohner.
Südlich des Datteln-Hamm-Kanals liegt der Seepark, ein Freizeitgelände mit Badesee und Spielbereichen für Kids aller Altersstufen. Das „Alte Quartier" mit netten Fachwerkhäuschen und vielen Kneipen, Bistros und Restaurants bietet jedem Besucher etwas. Das Gästeführerteam der Stadt bietet Rundfahrten in und um Lünen an (Tel. 0 23 06-1 04 15 77).

Nach Mülheim kann jeder kommen. Mit Flugplatz, Wasserbahnhof, Eisenbahn, Autobahn und dem Leinpfad an der Ruhr ist die Stadt für alle zugänglich. Das historische Herz liegt 61 Stufen über der Einkaufs-City auf dem westlichen Ruhrufer und direkt gegenüber von Schloss Broich. In diesen alten Gemäuern verbrachte Preußenkönigin Louise zwei Sommer. Älteste Kirche der Stadt ist St. Laurentius aus dem 11. Jahrhundert.
Wer kennt die Mülheimer Blimps? Das sind außerhalb der Stadt in einer riesigen Montagehalle zusammengebaute Luftschiffe. Knapp 60 Meter lang, ähneln die Blimps den legendären Zeppelinen, unterscheiden sich aber wesentlich: Sie haben kein tragendes Gerüst. Die Haut der Werbeträger besteht aus 816 miteinander vernähten Bahnen.

Oberhausen ist keine gewachsene Stadt wie etwa Essen, Bochum oder Dortmund. Seine heutige kommunale Gestalt erhielt die Stadt 1929. Die historische Mitte „Altmarkt" steht in Konkurrenz zu anderen Knotenpunkten: Bahnhof, Friedensplatz, Rathaus, Stadttheater. Verknüpft wird das Ganze durch ein schachbrettartiges Muster von Straßen und Wegen. Eine frühe stadtplanerische Leistung des Baumeisters August Kind (1865). Als erstes war der Bahnhof da (1846), ein schlichter Fachwerkbau westlich des heutigen Standortes. Dann kam im Umkreis die Industrie, schließlich die Stadt. In Oberhausen steht Deutschlands schönstes Rathaus. Der monumentale Zweckbau erhebt sich fast burgartig über dem Grillopark und gehört in die Reihe der bedeutendsten expressionistischen Bauwerke im Lande.

Man stelle sich das Ruhrgebiet wie eine Pizza vor. Das Knusprigste daran ist der Rand. Nicht jedermanns Geschmack: Entweder bleibt der scharfgebackene Rand liegen oder wird mit Genuss verspeist. Die kleine Kreisstadt Unna am Hellweg ist solch ein KnusperRand. Mit ihren 68.000 Einwohnern, am östlichen Rand des Ruhrgebiets gelegen, also geographisch mit einem Bein im Sauerland, hat die Stadt kein Theater und keine Oper. Dafür aber eine Stadthalle samt kulturellem Angebot. Die Un-Kultur in Unna hat aber auch ihre Massenspektakel: Immer dann, wenn Gaukler, Barden und Musikanten auf die Straße gehen und Bürger und Besucher mit Kultur überfallen. Alle zwei Jahre an Maientagen ist das so, bei Un(n)a Festa Italiana, den italienischen Tagen, wenn sich unters Künstlervolk auch Pizzabäcker mischen.

Historisches findet sich am Alten Markt. Hier residiert Unnas Stadtmaskottchen: der Esel. Das Haus Nr. 13 am Markt hat schon Heinrich Heine erwärmt. Der Dichter schrieb: „...ich konnte mich erst zu Unna im Wirtshaus erwärmen". Zu seiner Zeit beherbergte das Gebäude den Overwegschen Gasthof.

Richtig heimelig ist eine Tour mit dem Nachtwächter. Im historischen Kostüm und mit einer Lampe ‚bewaffnet', führt er die Besucher bei Dunkelheit durch die Stadt. Keine Angst: Man wird nicht mit Zahlen bombardiert, sondern mit Schmankerln und Anekdoten aus der Region.

Hansestadt Werne an der Lippe, das Tor zum Münsterland. Geschichtsträchtige Bauten, Kühe, Sole, Kunst und Kultur kennzeichnen die kleine Stadt mit ihren 32.000 Einwohnern. Werne ist Ausgangsort für Fahrradwanderwege wie zum Beispiel die „100 SchlösserRoute" und „Rundkurs Ruhrgebiet".

Die Altstadt mit den historischen Gassen ist sehenswert. Der Simon-Juda-Markt, im Volksmund Sim-Jü genannt, ein Riesenvolksfest im Oktober, hat eine 639jährige Tradition. Einst wurde aus Freude über die Verleihung der Marktrechte gefeiert. Heute feiert man aus Freude an der Freude.

Hier können Stadtinformationen abgefragt werden:

Bochum: Presse & Informationsdienst, Rathaus, Tel. 02 34-9 10 30 81, www.bochum.de

Bottrop: City-Info, Osterfelder Straße 13, 46236 Bottrop, Tel. 0 20 41-26 54 64, www.bottrop.de

Castrop-Rauxel: Stadtverwaltung, Europaplatz 1, 44575 Castrop-Rauxel, Tel. 0 23 05-10 61, www.castrop-rauxel.de

Dortmund: Ruhrgebiets-Tourismus GmbH, Service-Center, Königswall 21, 44137 Dortmund, Tel. 02 31-1 81 61 86, e-mail ruhrgebiets-tourismus@t-online.de

Duisburg: Königstraße 53, 47051 Duisburg, Tel. 02 03-3 05 25 61, www.duisburg.de

Essen: Touristikzentrale, Am Hauptbahnhof 2, 45127 Essen, Tel. 02 01-1 94 33, www.essen.de

Gelsenkirchen: Stadtmarketing Gelsenkirchen, Bahnhofstraße 55-65, 45899 Gelsenkirchen, Tel. 02 09-9 51 97-0, www.gelsenkirchen.de

Gladbeck: Stadtverwaltung, Willy-Brandt-Platz 2, 45964 Gladbeck, Tel. 0 20 43-99-0

Hattingen: Hattingen-Info, Langenberger Straße 2, 45525 Hattingen, Tel. 0 23 24-95 13 95, www.hattingen.de

Herdecke: Stadtverwaltung, Kirchplatz 3, 58313 Herdecke, Tel. 0 23 30-61 10, www.herdecke.de

Herne: Verkehrsverein „Zukunft Herne", Berliner Platz 11, 44623 Herne, Tel. 0 23 23-16 28 12, www.herne.de

Lünen: Stadtverwaltung, Abt. Öffentlichkeitsarbeit, Willy-Brandt-Platz 1, 44532 Lünen, Tel. 0 23 06-10 40

Marl: I-Punkt Marl, Marler Stern/Obere Ladenstraße, 45768 Marl, Tel. 0 23 65-91 97-0, www.marl.de

Mülheim: Stadt Mülheim, Am Schloss Broich 34, 45479 Mülheim, Tel. 02 08-4 55 80 48, www.muehlheim-ruhr.de

Oberhausen: Tourismus-Info, Willy-Brandt-Platz 2, 46045 Oberhausen, Tel. 02 08-8 24 57-0

Recklinghausen: Stadtverwaltung, Abt. Öffentlichkeitsarbeit, Rathausplatz 1, 45657 Recklinghausen, Tel. 0 23 61-5 00

Unna: I-Punkt, Rathausplatz 1, 59423 Unna, Tel. 0 23 03-10 32 13

Werne: Verkehrsverein, Markt 19, 59368 Werne, Tel. 0 23 89-53 40 80

Witten: Verkehrsverein, Ruhrstr. 43, 58452 Witten, Tel. 0 23 02-1 94 37, www.witten.de

● Und hier erfährt man Zahlen, Statistik und alles Wissenswerte über das Ruhrgebiet: Kommunal-Verband-Ruhrgebiet (KVR), Kronprinzenstraße 35, 451287 Essen, Tel. 02 01-20 69-0

Ende oder Anfang?

Was ist eigentlich dieser Strukturwandel im Ruhrgebiet? Etwas ganz Logisches: In Korea, Südafrika oder sonst wo auf dem globalisierten Wirtschaftsglobus werden Stahl, Kohle und Maschinen billiger hergestellt als im Pott, dem abgehalfterten europäischen Zentrum der Schwerindustrie. Damit die überflüssig gewordenen Kumpel, Stahlkocher und sonstigen Arbeiter nicht ewig zum Arbeitsamt rennen, um ihre „Stütze" abzuholen, sollen sie gefälligst Internet-Experte, Animateur oder Skilehrer werden. Das ist, der reinen liberalen Wirtschaftslehre folgend, ein Auswuchs des Wandels der einstigen ruhrgebietlichen Industriegesellschaft zu einem Dienstleistungs-Schwerpunkt. Dabei sind Freizeitspektakel nicht alles. Noch viel wichtiger sind neue wirtschaftliche Gewichtungen, die im Bereich der Informations- und Technologiewirtschaft gesetzt werden. Kann das funktionieren? Wer weiß, Fakt ist auf jeden Fall, dass an ehemaligen Hochöfen Mountainclimber kraxeln, dass von Berghalden Skifahrer gen Tal wedeln, dass auf einstigem Hüttenareal Konsum-Millionen umgesetzt werden, wenn nicht gar Milliarden von Business-Mark. Das kann man mögen oder nicht, eine praktikable Alternative hat noch niemand gefunden! Das malochende Revier ist kaum mehr, es leben die neuen Perspektiven.

Frauen im Revier sind die Verlierer im Strukturwandel.

Die Erwerbsarbeit von Frauen ist im Ruhrgebiet immer noch niedriger als im restlichen NRW, die versicherungsfreien Jobs haben zugenommen. Zu diesem Schluss kommt Brigitte Schneider in ihrer Magisterarbeit „Strukturwandel und weibliche Erwerbstätigkeit im Ruhrgebiet". Sie untersuchte dafür den Raum Essen seit 1960. Mit der Arbeit gewann die junge Frau den 2. Platz im Wetttbewerb „Historama Ruhr 2000".

● Infos: e-Mail brigitte.schneider@ruhr-uni-bochum.de

Kleine Sprachhilfe für „ADOLFS" (Auswärtige DOrtmund-Liebhaber, Fernsehschaffende und Sprachforscher)

abba flott:	Aufforderung, sich zu beeilen
abgefüllt:	Abgefüllt sein, Vollrausch bis Alkoholstufe 6, Verlust der Muttersprache
Absacker:	Das letzte Getränk bevor man geht und dann noch das allerletzte und dann das allerallerletzte trinkt
Achile:	Alles was essbar ist. „Ich muss ersma was achilen gehen"
am:	Das ultimative Verbindungswort, ich bin am schickern, am ackern, am durchdrehen. „Bisse am kapieren?"
Ambach:	Watt iss Ambach? Was ist los?
anpumpen:	Von jemandem Geld leihen
auf pump:	auf Pump leben, Schulden machen
Brinkhoffspoiler:	Bierbauch, benannt nach „Brinkhoffs Nr. 1"
Durch:	durchgezapftes Bier, kein 7-Minuten-Pils
Foffo:	geballte Ladung Energie, Schwung, etwas mit Foffo machen. Foffo ist die Steigerung von Schmackes
Fott:	Extreme Personenbezeichnung, die etwas besonderes hervorhebt. Dicke Fott, Stinkfott, Fottfinger
Frittenschmiede:	Pommes-Frites-Bude
Gourmet-Stäbchen:	Feinschmecker-Bezeichnung für Pommes. Mit Mayo und Ketchup heißt es dann: Gourmet-Stäbchen an 2 Saucen bitte
Hömma:	Klare Aufforderung „Hör mal". Häufigster Beginn eines Satzes und zwischendrin immer wieder zur Vertiefung
Hömmawenne:	„Hörmal, wenn Du": Zweithäufigste Verwendung nach Hömma. „Hömmawenne nich gleich komms, kannze was erleben."
Hörnsema:	Hören Sie mal
Jau:	Laute und deutliche Bejahung
kannzema:	Kannst du bitte mal....
Karro:	Brot, auch zusammengeklapptes Butterbrot
Kasalla:	Steigerung von Foffo. Kasalla hat ungefähr dreimal so viel Foffo wie Schmackes
Kawenzmann:	Große Sache oder Gegenstand mit einschüchternden Ausmaßen. „Mitte Angel sonn dicken Kawenzmann aussem Wasser gezogen"
Kinnotach:	Der Tag, an dem die Schulden eingefordert werden. Der Wirt sagt zum Gast: „Kinno 20 Mark von dir..."
kniepig:	geizig, Igel in der Tasche
Komma:	Komm mal bitte her
lau:	umsonst. Antwort auf die Frage nach Bier: „Wenn lau dann jau".
laue:	wenig, einfach. „Es gab laue Maloche und töffte Achile." Leichte Arbeit und gutes Essen.

Laumalocher:	fauler Sack, jemand der gerne andere für sich arbeiten lässt.
Lauschepper:	Schnorrer. „Der olle Lauschepper gibt doch nie einen aus..."
Maloche:	Arbeit
Malocher:	Arbeiter
Mamma:	Mach mal
Mini-Cooper:	Bezeichnung für Kinder
mitti:	Mit der. „Mitti ganze Kohle durchgebrannt..."
Möpp, fieser:	Person mit schlechtem Charakter
Mottek:	Hammer
Nachtischlampe:	Zu der Schlampe. „Muss ma widda Nachtischlampe gehen..."
Noppes:	Umsonst. „Es gab Bier und Achile für noppes"
Plörre:	schlecht schmeckendes Bier
Reibach:	Gewinn bei einem Geschäft. „Reibach, Schiller und Goethe waren die 3 berühmtesten Deutschen..."
Schabau:	jeglicher Alkohol
scherbeln:	Tanzen. „Lass ma scherbeln mitti Fott..."
Schlange:	Schon lange. „Schlange nich mehr gesehen..."
Schlawittchen:	Nacken, fest am Schlawittchen packen
Schlepptop:	Laptop-Computer
Schmackes:	Energisch, Elan, Kraft. „Er schoss mit Schmackes auf dat Tor..."
Segers:	kumpelhafte Bezeichnung für männliche Person. „Bis du der Segers von die Ische?" oder „Er iss ein töffter Segers". Negative Form: „Blöder Segers"
Saucen-Anna:	Bedienung in der Pommes-Bude
Texas-Bejauless:	Cola
töffte:	gut, prima
verdorri:	Fluch in abgeschwächter Form: „Verdorri nochmal"
Vietnam:	„Wie es nach..." Eines der wichtigsten Fragewörter für Fremde überhaupt. „Kannze ma sagen, vietnam Bahnhof geht?"
wacker:	schnell, beeilen, „Nu mach wacker", „Komma wacker her"
watzen:	gehen, auch schnell gehen. „Sind wir durch den Bahnhof gewatzt..."
weilze:	weil du, zusammengezogene Form
Welle:	Aufruhr, angeben, „machma nich sonne Welle"
wemmsen:	hauen, schlagen „Ich wemms dir eine" ich haue dich. „Hatta voll mittem Hammer vorde Wand gewemmst..."

Register

Bildnachweis

Alle Fotos von Ralph Lueger, außer S. 53, 55, 84, 85, 117 (Inge Zander),
S. 56 (Gudrun Kreuzer), S. 117 (Michael Lübke).

INFO

Alle Daten und Fakten in diesem Buch sind mit größter Sorgfalt recherchiert und
zusammengestellt worden. Aber vor allem Öffnungszeiten und Preise (auf Euro-Angaben
wurde verzichtet) werden häufig verändert. Die Angaben wurden nach dem Stand Januar
2001 übernommen. Sollten Angaben falsch sein, bedauern wir das und wären dankbar
für eine Mitteilung. Autor und Verlag können weder Gewähr noch Haftung übernehmen.

Über die Autorin: Inge Zander, Jg. 51, seit 15 Jahren Illustrierten-Reporterin, Buch-Autorin,
„Pott-Einwanderin" der dritten Generation im „starken Stück Deutschlands" geboren,
macht was Mann oder Frau auch anderswo tun: vier Kinder großgezogen, zwei Enkelkinder
bestaunen und Geld verdienen mit einem eigenen Redaktionsbüro in Dortmund.

Über den Fotografen: Ralph Lueger, Jg. 58, lebt als freier Fotograf in Essen und arbeitet
für Reisebuchverlage, Zeitschriften und Zeitungen, sowie RTG. Seit längerem widmet er
sich intensiv dem Thema Ruhrgebiet.

Revier der unbegrenzten Möglichkeiten

Das Land zwischen Rhein und Ruhr hat sich in den letzten Jahren zu einem Paradies für Erlebnishungrige gewandelt. Die bunte Vielfalt im „neuen" Pott sucht seinesgleichen. Dieses Buch mit seinen vielen Tipps zeigt die einzigartige Erlebniswelt dieser Region und macht Lust auf eine Tour de Ruhr. ●

Droste ● Regional

RUHRGEBIET TOURISTIK

ISBN 3-7700-1135-X

9 783770 011353